MUNDO
MAYA

Conte

EDITOR
Javier RODRÍGUEZ

COORDINACIÓN EDITORIAL
Ana BLANCA

AUTORA
María José AGUILAR

MAQUETACIÓN
Eduardo COBO

IMPRESIÓN
Fernández Ciudad, S.L.

ISBN:
84-96519-11-2

DEPÓSITO LEGAL:
M. 13.558-2006

© de esta edición, 2006
J.C. y A.
Laurel, 23. 28005 Madrid
jcya@agenttravel.es

nidos

MAPA DEL MUNDO MAYA

CANCÚN

MÉRIDA

Chichén Itzá

Playa del Camen
Puerto Aventura
Akumal

Tulum

Cozumel

Uxmal

CAMPECHE

Península
del Yucatán

Golfo de México

Zenote Azul
Chetumal

Becán

VILLAHERMOSA

Chicanná

Kohunlich

Palenque

Tikal

BELICE

Misol Há

Flores

Lago Petén Itzá

Tonina

Zinacatán

Agua Azul

Ceibal

Mar
Caribe

San Juán Chamula

Yaxchilan

TUXLA GUTIÉRREZ

Bonampark

San Cristóbal
de las Casas

Chisec

Río Dulce

Candelaria

Cobán

Huehuetenengo

Quirigua

Chichicastenango

Quetzaltenango

Penajachel

Copán (Honduras)

Iximché

Lago Atitlán

Santiago Atitlán

GUATEMALA

ANTIGUA

GEOGRAFÍA

Situadas en la zona central de América, las tierras que fueron habitadas por el mundo maya se extienden por una amplia zona con salida al golfo de México y a los océanos Atlántico y Pacífico. El territorio maya se divide clásicamente en tres zonas geográficas.

Zona Septentrional

La primera de ellas ocupa la zona norte de la península de Yucatán (México). Esta área septentrional es una llanura semiárida y calcárea dominada por monte bajo. Tiene escasísimos ríos, pero un gran número de corrientes subterráneas asoman a la superficie dando lugar a los cenotes, pozos donde los mayas se surtían de agua.

Zona Central

La segunda zona es la central, que se extiende por el norte de Guatemala, Belice y parte de los estados mexicanos de Campeche, Tabasco y Chiapas. Se caracteriza por ser una vasta planicie cálida y húmeda, con vegetación de selva tropical y recorrida por caudalosos ríos.

Zona Meridional

La zona maya meridional la forman parte del estado de Chiapas, el sur de Guatemala, el oeste de Honduras y parte de El Salvador. Es una zona formada por serranías, con bosques de coníferas y de clima templado.

FLORA Y FAUNA

Los países que conforman el mundo maya presentan una gran diversidad de ambientes y, como consecuencia, una extensa variedad de hábitats naturales: desde el paisaje volcánico, hasta las húmedas selvas tropicales, pasando por los arrecifes de coral, las zonas casi desérticas o los pantanos y manglares, que son algunos de los entornos que el visitante podrá disfrutar.

La selva alberga algunos de los animales más fascinantes de la zona, como el jaguar, que es el felino más grande de América, o el quetzal, ave difícil de ver por su rareza y por el camuflaje que le proporciona el color de sus plumas.

La vida marina es igualmente rica y variada.

Las costas de la región maya cuentan con la segunda barrera de arrecifes más grande del mundo. En ella tienen refugio más de 500 especies de peces y multitud de plantas marinas.

Cerca de 8.000 especies vegetales conforman la flora de la región maya, entre las que destacan la orquídea o la bromelia.

El aislamiento geográfico de la región maya durante varios siglos propició el desarrollo de especies propias de esta zona, como una subespecie de helecho gigante imposible de ver en ningún otro lugar.

Muchas de las especies que habitan en la selva se encuentran en peligro de extinción debido a la caza y a la progresiva destrucción del medio ambiente.

Multitud de tortugas marinas acuden a depositar y enterrar sus huevos en las playas de las costas caribeñas de México, Belice y Honduras durante el verano.

CLIMA

La diversidad del terreno que ocupó el mundo maya hace que las condiciones climáticas varíen según la zona a la que se viaje, a pesar de su proximidad. El sur de México y la zona de la península de Yucatán son áreas muy lluviosas. La temporada de lluvias dura de junio a octubre, época en la que también se elevan las temperaturas. De noviembre a mayo el país afronta una etapa templada y seca. En el norte de la península de Yucatán se registra un clima de sabana, mientras que en los estados de Tabasco y el norte de Chiapas existe una selva tropical que proporciona a la región un clima bochornoso con altas temperaturas durante el verano. Sin embargo, a grandes rasgos, la zona maya conserva durante todo el año una máxima que ronda los 30°C y una mínima en torno a los 20°C. Guatemala tiene clima tropical; al igual que en México se distinguen claramente dos estaciones: una seca que se extiende desde noviembre hasta abril y otra más cálida y lluviosa que dura de mayo a octubre. Las temperaturas se sitúan entre los 18 y los 30°C, y el sol es muy fuerte. También varía el clima de norte a sur. La zona del lago Atitlán tiene su propio microclima, más lluvioso, mientras que en la zona de la selva del Petén hace más calor, con temperaturas que superan normalmente los 30°C.

El clima de Honduras, también tropical, se caracteriza por su humedad, aunque varía entre el interior montañoso y las zonas costeras. En la primera zona el clima es mucho menos caluroso que en la segunda. Así, la temperatura máxima en la capital, Tegucigalpa, ubicada en la zona montañosa, oscila entre los 25°C y los 30°C, mientras que la temperatura mínima puede alcanzar los 10°C. Como en toda la zona maya, la estación lluviosa comienza en mayo y dura hasta octubre. Los meses más húmedos son septiembre, octubre, enero y febrero.

GOBIERNO Y POLÍTICA

México es una república federal democrática dividida en 31 estados y un distrito federal. Su constitución permite que exista una pluralidad de partidos políticos, aunque funcionó como una democracia unipartidista hasta los años 80. A partir de estas fechas surgieron el Partido de Acción Nacional (PAN) y el Partido de la Revolución Democrática (PRD), que han hecho oposición al histórico Partido Revolucionario Institucional (PRI).

Guatemala, por su parte, es una república democrática dividida en 22 áreas administrativas, llamadas departamentos, dentro de los cuales se enmarcan los municipios.

Honduras, al igual que Guatemala, es una república democrática formada por 18 departamentos que se dividen en municipios.

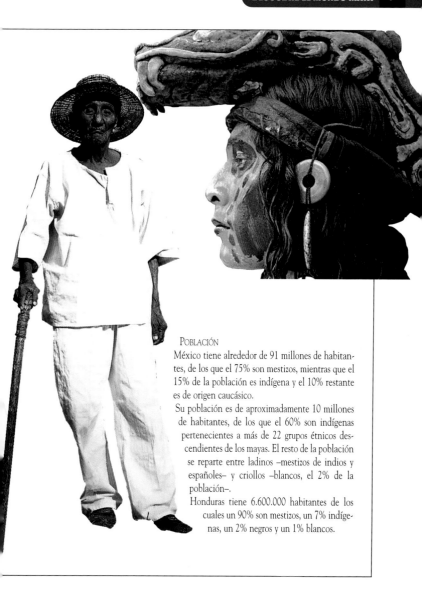

POBLACIÓN

México tiene alrededor de 91 millones de habitantes, de los que el 75% son mestizos, mientras que el 15% de la población es indígena y el 10% restante es de origen caucásico.

Su población es de aproximadamente 10 millones de habitantes, de los que el 60% son indígenas pertenecientes a más de 22 grupos étnicos descendientes de los mayas. El resto de la población se reparte entre ladinos –mestizos de indios y españoles– y criollos –blancos, el 2% de la población–.

Honduras tiene 6.600.000 habitantes de los cuales un 90% son mestizos, un 7% indígenas, un 2% negros y un 1% blancos.

HISTORIA

2000 a.C.	1200 a.C.
Comienza el periodo preclásico de la cultura maya. Los mayas empiezan a perfilar los rasgos de su cultura a través de la cerámica.	Florecimiento de la cultura olmeca, que tendrá una gran influencia en la civilización maya.

La vida de los antiguos mayas se divide en tres periodos: preclásico (2000 a.C.-250 d.C.), clásico (250-1000) y posclásico (1000-1500).

PERIODO PRECLÁSICO

En la primera de estas subdivisiones, los habitantes de la zona empleaban su tiempo en la agricultura, la caza y la pesca, y su artesanía se limitaba a la cerámica. Poco a poco empezaron a construir plataformas de tierra revestidas en piedra. En este primer periodo nacen algunas culturas locales muy condicionadas por el entorno. No sería hasta el final del mismo cuando se crearía una organización más desarrollada, gracias a la actuación de los sacerdotes encargados del culto funerario. Desde el año 200 a.C. aproximadamente, la cerámica y la arquitectura empezaron a diferenciarse de las del resto de los pobladores de Mesoamérica. Comienza la organización teocrática de la sociedad y se intensifica el comercio.

1000 d.C.	1470 d.C.
Periodo posclásico. Conflictos que dividieron la población maya. Decadencia de la cultura y comienzo del dominio español. Los toltecas fundan su Imperio y penetran en Chichén Itzá. Empieza la decadencia de ciudades mayas como Uxmal, Sayil o Kabah.	Construcción de la ciudad maya de Iximché.

250 d.C.	500 d.C.	600 d.C.
Fin del periodo preclásico y comienzo del periodo clásico. Época de esplendor maya.	*Fundación de Chichén Itzá, símbolo del apogeo de la civilización maya.*	*Esplendor de Palenque, Bonampak y Tikal. Construcción de la Gran Pirámide del Mundo Perdido en Tikal.*

PERIODO CLÁSICO

El periodo clásico supone la época dorada de los mayas. En él alcanzaron su máximo apogeo, y su cultura experimentó numerosos avances en las artes y las ciencias. Se desarrollaron la escritura y el calendario. La sociedad se estructuró en dos grandes grupos: el gobernante y el popular. El primero se dividía, a su vez, en administradores, sacerdotes y militares. A la cabeza de todos ellos estaba el rey, que representaba a su comunidad y gobernaba sobre una ciudad principal y varios centros secundarios, que cambiaban de manos constantemente. En el sector popular se distinguía entre campesinos y comerciantes. El principal impulso se produjo en la zona central, concretamente en las localidades de Tikal, Uaxactún, Palenque, Yaxchilán, Piedras Negras, Altar de Sacrificios, Holmut y Bonampak, donde su arquitectura también experimentó un gran avance (de esta época datan los restos arqueológicos más importantes que se conservan en la actualidad).

El pueblo maya se comunicaba mediante un sistema de escritura basado en jeroglíficos con más de 800 signos diferentes. La primera inscripción conocida es la llamada Estela de Huberg, que data del 199 d.C.

El calendario maya es considerado uno de los más exactos creados por el hombre en la antigüedad. Los mayas fijaron la duración exacta del año, que medían con 18 meses de 20 días más cinco días sueltos.

PERIODO POSCLÁSICO

En el siglo IX esta fuerte civilización inició su decadencia, que se debió a numerosos factores. La fragilidad del suelo, las grandes hambrunas que siguieron a unos años de malas cosechas y la fragmentación política de las ciudades provocaron numerosos conflictos con las localidades vecinas que acabaron por desmontar la cultura maya, dando paso a otras civilizaciones que se convertirían en el exponente cultural de Centroamérica hasta la llegada de los españoles a estas tierras.

LAS ZONAS MAYAS EN LA ACTUALIDAD

La mayoría de las ruinas del mundo maya se encuentran en México y Guatemala.

1502 d.C.	1521 d.C.	1979 d.C.
1502 d.C. Primer encuentro de los mayas y los españoles.	*Dominio español en México. Caída de Tenochtitlán a manos de Hernán Cortés con la que finaliza la conquista de México.*	*Tikal es declarada Patrimonio cultural y natural por la UNESCO.*

COSTUMBRES Y TRADICIONES

GUATEMALA

Para los guatemaltecos la fiesta, algunas tradiciones mayas y la religión católica, con elementos autóctonos, son realidades que dirigen su vida y su comportamiento. Los guatemaltecos están muy orgullosos de su pasado indígena por lo que conservan sus costumbres.

En los mercados las relaciones que se establecen en todas las transacciones no se reducen a un simple intercambio, sino que en ellos se pone en juego conceptos como dependencia de todos. La música es otro de los elementos que está presente en la vida de los guatemaltecos. En cualquier celebración religiosa, en las procesiones o en las fiestas populares, la música es la nota predominante.

MÉXICO

La escritura maya fue pensada para transmitir principios ideológicos, sin embargo tiene gran contenido silábico y fonético. Desgraciadamente su interpretación sigue siendo un enigma a pesar de las diferentes hipótesis planteadas por los expertos mayistas. Tan solo se han podido descifrar una pequeña parte de las inscripciones mayas.

Otro de los aspectos de la cultura maya que más interés despierta es la existencia de los Calendarios. Tenían tres calendarios: el Tzolkin, de 260 días, era mágico o sagrado; el Haab o calendario solar de 365 días; y el Venusino, de 584 días. La coexistencia del calendario mágico y el solar con diferente número de días forzó a que los sacerdotes crearan un sistema numérico de base vigesimal, casi tan perfecta como la decimal.

Los mayas vivieron un complejo sistema espiritual en el que los rituales jugaron un papel de primer orden. Sin embargo, la religión maya no es tan conocida como la de los aztecas ni su Panteón está tan repleto de divinidades. Los sacrificios humanos fueron escasos y estos se dieron sobre todo en las regiones más afectadas por la invasión tolteca. La fiesta más importante de los mayas fue el Tuppkak o fiesta de la lluvia. Las jerarquías religiosas eran los Balam o chamanes, los adivinadores o Chilan, los sacrificadores y los sacrificadores o Nacom. A la cabeza de todos ellos estaban los grandes oficiantes cuyo cargo era hereditario, se conocieron con el nombre de los Ahkinmai. Los mayas inhumaban a los cadáveres de la gente corriente e incineraban los de las personalidades importantes.

HONDURAS

Entre los rasgos principales de los mayas están el ejercicio del poder que era traspasado de pariente a pariente, su creencia en varios dioses, su enorme adelanto en las matemáticas, sus estudios astronómicos. En la agricultura se identificaron por la siembra de maíz y en el arte es significativo sus trabajos en piedras.

ARTE Y CULTURA

HONDURAS Y GUATEMALA

En la arquitectura maya la mayoría de las construcciones fueron realizadas sin la utilización del arco sostenido sobre piedra, además de que no utilizaron herramientas de metal ni animales de tiro.

Las construcciones se diseñaban de acuerdo a un plano celeste y todas las edificaciones eran alineadas de forma que permitiesen la observación astronómica. Generalmente los templos eran construidos sobre antiguas construcciones, imprimiendo un carácter de sacralidad.

GUATEMALA

A lo largo de 1.500 años la arquitectura maya sufrió evoluciones en sus estilos. Los más representativos son los comprendidos en el Período Preclásico Tardío, entre los años 300 a.C al 250 d.C. como los que se pueden ver en las ruinas de Uaxactún, propios de la cultura chicanel. En el Clásico Temprano prevalecieron los de la llamada Cultura de la Esperanza. En el Clásico Tardío los templos incorporan una crestería construida en la cima. Es en este momento cuando aparecen los patios de juego para la pelota y las estelas, grandes monolíticos de piedra que servían de altares. El mejor ejemplo de este estilo es la ciudad clásica maya de Tikal.

En el Período Posclásico Tardío, durante la presencia de los toltecas, hacen su aparición los itzaes (con capital en Mayapán) y que destacaron por la utilización de murallas. En Guatemala los ejemplos mejor conservados de este estilo se encuentran en Utatlán y en Iximché.

MÉXICO

En las artes mostraron magníficas cualidades y fueron hábiles ceramistas y excelentes tejedores, aunque también practicaron la orfebrería y la metalurgia. Pero donde destacaron fue en la arquitectura, la pintura y la escultura. Su opera prima de la arquitectura es la pirámide interior de Uaxactum, con cuatro escalinatas, revestimientos de estuco y decorada con grandes mascarones.

El elemento emblemático de su arquitectura fue el uso de la bóveda plana que apareció

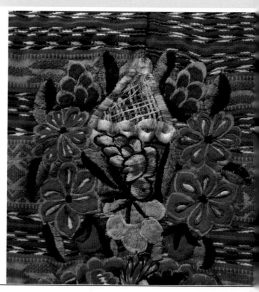

en un palacio construido en Uaxactum en el año 317 y desde aquí se extendió su uso por todo el Imperio Maya. Los complejos o centros más destacados donde floreció su mejor arquitectura fueron numerosos: Copán, Uxmal, Kabah, Labná, Yaxchilán, Tikal, Piedra Negras, Palenque, Ceibal y la soberbia Chichén Itzá. En esta última ciudad maya se concentran muchos de los tesoros arquitectónicos mayas, como son: la Pirámide de El Castillo, el Templo de los Guerreros, el centro de observación astronómico conocido como El Caracol, la Tumba de Chac-Mool, la magnífica cancha de juego de pelota, las Mil Columnas, la Casa de la escritura obscura o Akabzib, etc.

La escultura maya destaca por el "barroquismo" o la complicación del estilo de esculpir y es eminentemente simbólica alcanzando una gran belleza plástica. En los relieves monolíticos de primera época muestran las figuras de perfil, variando esta posición con el tiempo hasta mostrarse de frente. La escultura o estela que se considera la obra maestra de los mayas se encuentra en el yacimiento de Piedras Negras en la rivera del río Usumacinta.

La pintura fue otra de las artes en la que los mayas mostraron su genio creador. Destacan las inscripciones jeroglíficas de los muros interiores del Palacio de Palenque y los soberbios Murales de Bonampack, o los murales de Chichén Itzá, santa Rosa, Tulum, o Chacumultún.

GASTRONOMÍA

MÉXICO

La cocina mexicana es exótica y colorista. Se divide por regiones y es muy variada. Cada Estado de México tiene originales recetas autóctonas, y, aunque se repiten algunos platos en varias regiones, los habitantes de cada zona le dan su estilo propio. Los componentes más característicos de la dieta mexicana son granos y cereales como el maíz o el fríjol, frutos y semillas como la guayaba o los chiles, verduras y tubérculos como el jitomate o el camote y, fundamentalmente, condimentos como el axchiote o las pepitas de calabaza.

GUATEMALA

El principal producto de la economía de Guatemala es el café, pero en ese país se cultivan una gran variedad de vegetales. Sus granos, sobre todo, adquieren un sabor y textura excepcionales.

Por otro lado, los pescados de Guatemala gozan de una gran reputación tanto dentro como fuera del país, especialmente sus gambas. La nación centroamericana tiene unas condiciones climáticas óptimas para criar pescados tropicales, que han obtenido gran aceptación en los últimos tiempos.

Honduras

En Honduras lo más típico son los platos preparados a base de marisco y, como en todos los países centroamericanos, las frutas tropicales como el mango, la papaya, la piña o el banano, con las que se preparan deliciosos batidos y refrescos. En los autobuses se suelen ofrecer al viajero las típicas "burricas", que son tortas de maíz rellenas con diferentes alimentos.

México

Chichén Itzá

Chichén Itzá se encuentra a 157 km de Cancún, y es uno de los sitios arqueológicos más grandes y mejor conservados de México.

La decadencia de Chichén Itzá se produjo por la invasión de los itzaes, grupo procedente de México que dio a la ciudad el nombre que tenía a principios del siglo XVI, es decir, "pozos de los itzaes".

El recinto de Chichén Itzá se extiende por unos 15 km², y aúna dos ciudades: la antigua Chichén Itzá, construida por los mayas, que vivió su época de esplendor del siglo VI al X, y la ciudad del mismo nombre erigida por los toltecas a partir del año 1000. Así, se distinguen también dos zonas arquitectónicas, ya que, frente a las edificaciones de pequeño tamaño y con numerosos frisos y relieves que gustaban a los mayas, los toltecas impusieron la sobriedad y la majestuosidad de las grandes construcciones.

Desde el año 750 hasta el 1200, Chichén Itzá se convirtió en la capital más importante del mundo maya. Controlaban la región tanto militar como económicamente, ya que poseían el control sobre el comercio y la agricultura. Asimismo, tenían una influencia religiosa sobre el resto de la población porque dominaban el Cenote Sagrado –también conocido como Gran Cenote o Cenote de los Sacrificios–, considerado como vía de acceso al mundo subterráneo de los mayas, donde se encontraban muchas de sus divinidades.

México

Tulum

Tulum significa "amanecer", y fue fundada en el año 1200 para que sirviera de enlace comercial en el este de la península de Yucatán. Asimismo, el enclave fue concebido como observatorio y centro ceremonial. Alcanzó pleno esplendor en esta época, y a la llegada de los españoles era una de las pocas ciudades mayas aún habitadas.

Tulum constituye el centro arqueológico más importante de Quintana Roo. A 131 km de Cancún, este asentamiento fue uno de los pocos que los mayas amurallaron. Justifica la existencia de este parapeto defensivo la necesidad de protegerse de los posibles invasores que intentasen atacar desde la playa.

Tulum se extiende alrededor de una plaza o centro ceremonial en el que se desarrollaban los rituales sagrados. Construida en la cúspide de un acantilado con vistas al sol naciente, en la actualidad se conservan tres edificaciones principales: el Castillo, el Templo de los Frescos y el Templo del Dios que Desciende, todas ellas construidas en un estilo influido por la cultura tolteca, pueblo que dominaba el norte de Yucatán en el periodo posclásico.

Guatemala

Tikal

Tikal permaneció escondida en la jungla hasta bien entrado el siglo XX, cuando se iniciaron las excavaciones y la restauración de los restos que hoy se conservan.

El complejo de Tikal se encuentra a 64 km de Flores, la capital del departamento. Los primeros habitantes de Tikal llegaron a la zona hacia el año 900 a.C., y se quedaron en la ciudad durante casi dos milenios, hasta el siglo IX d.C. Aunque se supone que en los siglos II y III ya se habría convertido en una potencia de primer orden entre las localidades de la zona, Tikal empezó a crecer espectacularmente a partir del año 600. En esta época se convirtió en el punto neurálgico del comercio de la región, dada su situación geográfica y la comunicación que tenía con las ciudades vecinas, incluso las de México y Belice, por los ríos que surcan la selva.

Honduras

Copán

A unos 50 km al sur de Quiriguá está Copán, que es prácticamente el único emplazamiento maya de Honduras. Hoy día Copán es, junto con Tikal, el recinto maya más excavado, estudiado y conocido. Copán tuvo un gran influjo sobre las poblaciones de su alrededor, como se ha comprobado con Quiriguá. Los principales restos arqueológicos de la ciudad-estado son los de el altar Q, la Plaza Mayor, el Templo 22, el juego de pelota y el patio de la Escalera Jeroglífica.

Aunque Copán estuvo habitada desde hace unos 3.000 años, su máximo esplendor lo conoció entre los siglos V y IX.

La zona septentrional: el este

El mexicano Estado de Quintana Roo ocupa hoy lo que fue la zona noreste en la que se asentó la civilización maya.

Cancún

Cancún es una de las ciudades más visitadas por los turistas y el imán que ha atraído a la costa de Quintana Roo a los suficientes viajeros como para poner en marcha un ambicioso proyecto turístico que ha relanzado desde los años 90 toda la costa caribeña mexicana: lo que se conoce como Riviera Maya. La belleza caribeña de la zona constituye su principal atractivo.

Cancún está construida entre el continente y una estrecha isla de once kilómetros de longitud paralela a él. En medio, se forma la laguna Nichipté. Este complejo turístico, concebido como un enclave para disfrutar del descanso, se empezó a construir a mediados de la década de los 70. Las autoridades mexicanas buscaron entonces una alternativa a las playas de Acapulco, que gozaban de renombre internacional y se habían convertido ya en un destino masificado. Pensaron en la zona del Caribe, hasta entonces un espacio casi sin explorar constituido por selva y

pequeños poblados que asomaban al mar. Hoy, casi 30 años después, Cancún se ha convertido en un referente mundial del turismo de playa y uno de los centros más visitados del planeta.

La Zona Turística

La ciudad de Cancún tiene unos 300.000 habitantes, y es un buen lugar para ir de compras y para comer. Los hoteles de esta zona ofrecen unas tarifas más modestas que los de la zona turística, donde la mayoría de los establecimientos son de cinco estrellas.

Entre ambos complejos hay unos 16 kilómetros de distancia, y a sólo dos de la ciudad está Puerto Juárez, un pueblo que se conserva como un oasis al margen del turismo, ubicado en una zona con gran afluencia de viajeros. Desde allí salen los transbordadores que trasladan al viajero hasta Isla Mujeres, un islote de 1x7 km habitado por 13.000 personas, cuya belleza y tranquilidad contrasta con el animado Cancún.

La ubicación de un aeropuerto internacional en Cancún –al sur de la ciudad– aumenta la afluencia de turistas que llegan a la localidad caribeña y se establecen en ella como centro desde el que desplazarse hasta la Riviera Maya y las principales zonas arqueológicas.

> **¿SABÍAS QUE...?**
> Los restos más importantes de la Riviera, situados en Tulum, están a unos 130 km de Cancún, mientras que las ruinas de Chichén Itzá, en el vecino Estado de Yucatán, son unas de las mejores del mundo maya y están a 200 km de Cancún.

La Reserva Ecológica

La reserva natural se encuentra en la laguna. En ella se pueden observar los manglares, arbustos propios de las zonas tropicales caracterizados por sus llamativas raíces. A la laguna se puede acceder por cualquiera de sus dos entradas, situadas una al norte –el canal Nuchupté– y otra al sur –el

> **¿SABÍAS QUE...?**
> El nombre de Isla Mujeres se debe a las muchas figuras de féminas que se encontraron en la isla en honor a la diosa de la fertilidad.

La Laguna

La extensión de la laguna es de 5x10 km, y en ella se puede pescar, hacer esquí náutico, submarinismo o bordearla en barco, visitando los manglares y los restos arqueológicos de la zona turística.

canal Nizuc–. En esta zona, llena de hoteles de lujo y de instalaciones de alta categoría, existen restos de la época maya, ya que hasta aquí llegó esta civilización antes de la ocupación de los españoles a principios del siglo XVI.

Restos mayas

En la isla hay varios restos mayas. Dos de ellos están construidos sobre el eje central de la isla, situados uno frente al mar y otro frente a la laguna. Son los restos de San Miguelito y El Rey. El primero es una plaza compuesta por dos plataformas y una construcción abovedada con un pequeño oratorio en el centro. El segundo está formado por una plaza principal con tres plataformas, una pirámide, dos templetes y una construcción abovedada. Asimismo, hay un pequeño templo maya, llamado Pok-Ta-Pok, integrado en un campo de golf de la zona norte de la isla, y otra edificación religiosa, Yamil Lu'um, en la avenida Kukulkán, la arteria que recorre toda la zona turística.

Los arrecifes

Las playas de la "tierra de golondrinas", significado del nombre de Cozumel, poseen numerosos arrecifes en los que se pueden observar miles de peces de colores. Sus aguas son cristalinas y tienen hasta 60 metros de profundidad, lo que hace que acudan a ellas un gran número de submarinistas.

Cozumel

Es la isla habitada más grande de México y, junto a Cancún, el reclamo turístico más importante del este del país. Situada frente a la Riviera Maya, se convirtió en un importante centro de comercio en el periodo posclásico, ya que todas las transacciones de los países centroamericanos pasaban por la isla. Sin embargo, la llegada de los españoles destruyó el comercio, los puertos fueron abandonados y en la isla se instalaron piratas británicos.

¿SABÍAS QUE...?

Cozumel estuvo habitada por los mayas durante 2.000 años y aún conserva algunos restos; se han identificado en la isla más de 35 edificaciones de esta época.

La historia contemporánea de Cozumel nos lo muestra convertido en un puerto de comercio de chicle y posteriormente sumido en el olvido, hasta que la belleza del lugar, mostrada al mundo por el explorador Jacques Cousteau, relanzó a Cozumel como uno de los lugares más atractivos de la zona.

Restos arqueológicos

En la actual San Gervasio, al noroeste de la isla, se encuentran los restos del templo levantado a la diosa Ixchel. Otros restos arqueológicos de importancia son la tumba del Caracol y el templo de El Cedral, ambos al sur de la isla.

¿SABÍAS QUE...?

Los mayas se desplazaban a la isla de Cozumel de 53 km de largo por 14 de ancho para rezar a la diosa Ixchel, protectora de las mujeres embarazadas, de la medicina, la fertilidad y la luna, y consultar su oráculo.

La Riviera Maya

Empieza en Puerto Morelos y termina al sur de Tulum. Es una hilera de espléndidas playas caribeñas, pueblos costeros, complejos turísticos, parques naturales y ruinas mayas. Se ha erigido en un destino turístico por méritos propios.

La Riviera Maya se dio a conocer en la década de los 80 ligada a un concepto de excursión de un día desde Cancún para ver las ruinas de Tulum y conocer el parque de Xel-Ha, donde hacer esnórquel. Sin embargo, a partir de los 90 empezó a aparecer una oferta turística importante avalada por las playas de arena blanca bordeadas por palmeras, grutas y caletas tropicales, así como por ríos subterráneos, cenotes, cuevas y selvas.

Xcaret

A 72 km al sur de Cancún, este paraíso de la naturaleza está formado por un parque arqueológico y ecológico que combina ruinas mayas, caletas y ensenadas con grutas y cenotes naturales, así como la fauna y la flora más característica de la región.

Parque

En el parque, que cuenta con un río subterráneo y otro en la superficie, la preservación del entorno natural es tan importante como su explotación turística, ya que no se quiere mitigar la belleza de una de las bahías más hermosas de la Riviera Maya.

Los visitantes diarios pueden elegir entre tomar el sol en la playa, adentrarse en la jungla tropical a través de sus senderos o explorar el parque ecológico y las ruinas del lugar. Asimismo, podrán bañarse en las aguas del cenote sagrado, nadar con delfines en una laguna muy similar a su hábitat natural o hacer esnórquel –modalidad de submarinismo que consiste en bucear por la superficie, por lo que no es necesario utilizar botellas de oxígeno– en un río subterráneo. También se puede bucear en la bahía y su arrecife.

Los actuales mayas también tienen cabida en Xcaret. Existe un poblado en el que hay casas tradicionales con techos de palapa, decoradas con artesanía y con hamacas. Los nativos de la zona, descendientes de los antiguos mayas, van ataviados con los característicos y coloridos trajes locales.

Flora y fauna

Una de las principales atracciones de
Xcaret es su impresionante acuario,
que se divide en seis partes; cada una
de ellas representa un ecosistema diferente. El jardín botánico, por su parte,
tiene más de cien tipos de árboles y un
orquideario. El parque goza de varios
sitios en los que se pueden observar a los animales en su hábitat natural.
Tiene un aviario, una isla de jaguares y pumas, otra de flamingos, una isla de monos araña, una cueva de murciélagos y un mariposario.

> **¿SABÍAS QUE...?**
>
> El significado del
> nombre maya de
> Xcaret es "pequeña
> caleta".

Museo

En el parque se ha integrado un museo que contiene 19 modelos a escala de las pirámides más importantes de la civilización maya. También en
él se cuenta la historia de esta cultura, su forma de vida y sus rasgos más
característicos. Los restos arqueológicos de la zona, de pequeño tamaño
y no muy bien conservados, están integrados en el parque.

Xel-Ha

Los restos de Xel-Ha se relacionan con los de Tulum porque forman parte de un mismo estilo arquitectónico. A 122 km de Cancún, Xel-Ha está formado por cuatro hectáreas de laguna, caletas y ensenadas creadas
sobre terreno calizo. Alimentado por el agua salada del mar y la dulce de
los cenotes, se ha formado en Xel-Ha un bello acuario natural en el que
brotan burbujas constantemente. A la orilla del río y de la laguna se en-
redan numerosas raíces que forman bajo el agua marañas entre las que se
esconden y deslizan 24 especies de peces multicolores.
Entre las actividades que se pueden realizar destacan el esnórquel por la
laguna y el río, deslizarse por el agua sobre flotadores o columpiarse sobre un cenote con cuerdas y lianas.

Las guacamayas

Una de las atraccio-
nes del Xel-Ha son
las ruidosas y llamati-
vas guacamayas, aves
que se han criado en
la zona y que son
sumamente amisto-
sas, ya que están
acostumbradas a la
presencia humana.

> **¿SABÍAS QUE...?**
>
> El nombre maya de
> Xel-Ha se puede tra-
> ducir como el "lugar
> donde nace el agua".

Restos arqueológicos

El pequeño sitio arqueológico está ubicado en la selva, frente al camino que conduce al parque ecológico. Sus edificios incluyen un castillo, un palacio, un mercado, un conjunto de columnas y el templo de las aves, en el que se encuentra uno de los frescos mejor conservados de la cultura maya, de gran colorido. En el Templo del Jaguar se observan huellas rojas impresas por un sacerdote y los altares dedicados al dios Yum Chac, dios del agua, que se manifiesta a los mayas en forma de cenotes, lagunas y bahías.

La civilización maya surgió hace unos 3.500 años en los estados mexicanos de Quintana Roo, Yucatán, Campeche, Tabasco y Chiapas, y en los países mesoamericanos de Guatemala, Honduras, Belice y El Salvador. Los asentamientos de los habitantes de estas zonas dieron lugar a unas manifestaciones históricas, culturales y artísticas lo suficientemente desarrolladas como para recibir el nombre de civilización.

Tulum

Castillo

El Castillo es el edificio más grande del conjunto, y está justamente sobre el acantilado que vigila el Caribe. Desde su zona más alta se pueden ver muchos kilómetros de playa en ambas direcciones. A su espalda se abre una plaza rodeada por una serie de edificaciones. Esta constante se repite en todas las ciudades mayas, ya que los principales edificios estaban alrededor de un espacio central.

Templo de los Frescos

Los arquitectos de Tulum fueron defensores de los edificios pequeños; de ahí que el tamaño de muchas de las construcciones fuese tan reducido que no permitía a una persona

moverse en su interior con comodidad. Éste es el caso del Templo de los Frescos, formado por dos edificios encajados. Recibe su nombre de las pinturas que adornan sus paredes, que están muy bien conservadas y que son uno de los motivos que confieren a los restos de Tulum la valoración de la que gozan.

Las pinturas tienen como tema central de su iconografía el maíz, del que los mayas pensaban que había surgido la vida humana. Por otro lado, todas las pinturas están concebidas de forma cósmica: los humanos efectúan sus tareas bajo un cielo en el que se mueven los dioses y con un inframundo bajo sus pies.

¿SABÍAS QUE...?
Gracias al carácter sedentario de los indígenas, se crearon poblados en los que las divinidades, sus mitos y leyendas condicionaban tanto la forma de vida de sus habitantes como la ergonomía del propio asentamiento.

Templo del Dios que Desciende

Levantado sobre una plataforma, el Templo del Dios que Desciende se caracteriza por estar construido en una sola pieza. Recibe su nombre del nicho que hay sobre la puerta, en el que se ve descendiendo del cielo a la figura alada de un dios asociado a Venus.

Ciudad

La ciudad de Tulum se encuentra a 2 km de la zona arqueológica y tiene un clima cosmopolita e internacional, ya que en ella vive gente que procede de todo el mundo.

Cobá

Aunque se suele incluir este lugar como parte de la Riviera Maya, lo cierto es que para acceder a la antigua ciudad de Cobá hay que adentrarse en la selva unos 40 km al noroeste de Tulum.

Sus restos arqueológicos se dividen en tres grupos que se extienden por una superficie de 130 km²: el conjunto Cobá, Nohoch Mul y Chucmuc Mul.

La civilización maya

Civilización maya es el nombre genérico que se le da no sólo a los habitantes de Yucatán, Quintana Roo y Campeche, donde se estableció el grupo conocido como maya, sino que también se conocen con esta denominación a los lancadones, tzeltales, tzotziles o chúes, entre otros. En la actualidad, quedan algunas comunidades mayas en el norte de la península de Yucatán.

Cobá

Cobá vivió su máximo esplendor en el periodo clásico. Fue un centro ceremonial habitado por 50.000 personas, y la capital más grande del imperio durante los últimos años de esta época, ya que alcanzó una extensión de 80 km².

Macanxoc

En la zona de Macanxoc se han encontrado nueve altares circulares parecidos a los de otros pueblos mayas asentados en el Petén (Guatemala).

Conjunto Cobá

El grupo Cobá está formado por templos, plataformas y basamentos piramidales, distribuidos alrededor de plazas y patios. Asimismo se han encontrado varias estelas con inscripciones jeroglíficas o relieves de estuco sobre algunos de los edificios que servían para registrar eventos especiales vinculados con las actividades y logros de los gobernantes.

La ciudad está rodeada de lagos de poca profundidad, y a ella se accede por una red de caminos de piedra caliza, sacbeob, construidos por los mayas

> **¿SABÍAS QUE...?**
>
> Cobá tiene el encanto de estar apenas explorado, lo que proporciona al visitante la sensación de estar descubriendo un tesoro maya escondido en la jungla tropical. Hasta ahora, sólo el 5% de la zona ha sido excavada, y en la actualidad está siendo estudiada.

hace más de 1.000 años. Se trata de calzadas elevadas entre 0,50 y 2,50 metros del suelo y protegidas por muros laterales de cemento calizo natural. Medían unos 4,4 metros de ancho, y unían tanto los distintos edificios del recinto como Cobá con otras poblaciones, como Yaxun (100 km) e Ixil (19 km).

Nohoch Mul

El más impresionante de los restos es la pirámide Nohoch Mul. Mide 42 metros de altura y es la construcción más alta de toda la península de Yucatán, e impone su dominio rodeada de la densa jungla. En su zona superior se construyó un edificio posclásico parecido a los que hay en Tulum.

> **¿SABÍAS QUE...?**
>
> "Colina grande" es el significado del nombre maya de Nohoch Mul.

El juego de pelota

> **¿SABÍAS QUE...?**
>
> Junto a una de las calzadas que unen Cobá con otras poblaciones se encontró un cilindro de cinco toneladas que probablemente se utilizó para aplanar los caminos.

La segunda edificación en importancia del conjunto arqueológico es otra pirámide, conocida con el nombre de El Castillo. Desde su zona más alta se tienen unas vistas impresionantes sobre la cercana laguna Macanxoc.

Chucmuc Mul

El grupo de Chucmuc Mul consta de ocho estelas, símbolo de la importancia que llegó a tener esta ciudad. Son piezas cons-

> **¿SABÍAS QUE...?**
>
> La estela mejor conservada del conjunto Chucmuc Mul se encontró a los pies de la pirámide de Nohoch Mul, y data del año 684.

truidas con un solo bloque de piedra y sobre las que se tallaban inscripciones o bajorrelieves. Las estelas mayas tenían carácter sagrado y político, frente al significado funerario que le dan otras culturas. Sus tallados conmemoraban episodios históricos relacionados con un monarca o contaban relatos míticos.

El juego de pelota era un deporte muy extendido en la cultura maya. Practicamente cada ciudad cuenta con uno, y su práctica sobrepasó el carácter deportivo para convertirse en todo un acontecimiento social. Dos grupos de jugadores se pasaban un grueso y pesado balón de caucho compacto utilizando la cadera y el codo de una sola parte de su cuerpo. En ocasiones servía para solucionar conflictos; en este caso los perdedores eran decapitados. Además de los recintos, existen numerosos grabados en los que se reproduce este juego o sus consecuencias.

La zona septentrional: el oeste

El estado de Yucatán ocupa la zona noroeste de la península homónima. Allí se encuentran algunos de los restos más importantes del mundo maya, como Chichén Itzá y Uxmal, así como Mérida, otra de las ciudades de México que atrae a numerosos turistas.

El norte del estado de Campeche también forma parte de la zona norte de la división clásica del territorio maya, aunque los restos que se encuentran en este lado del estado son más limitados.

Chichén Itzá

Los principales restos arqueológicos de la zona son la pirámide de El Castillo, el juego de pelota, el Templo de los Jaguares, la Plataforma de los Cráneos o Tzompatli, el Templo de los Guerreros y las Mil Columnas, el Cenote de los Sacrificios, el Caracol y el edificio de las Monjas.

Castillo

El Castillo es un edificio que mezcla los estilos maya y tolteca. Se trata de una pirámide de casi 30 metros de altura cargada de un gran simbolismo. Está dividida en nueve plantas, que hacen referencia a los nueve niveles del mundo subterráneo. Los escalones de sus cuatro caras suman 364 estadios, que unidos a la plataforma superior alcanzan los 365 días del año solar. Tiene 52 tableros, uno por cada año del siglo maya, y 18 terrazas, que representan los 18 meses del año religioso.

En el interior hay un templo dedicado al dios Kukulkán, divinidad representada por una serpiente con plumas. Su entrada está en la parte superior de la pirámides; se trata de un recinto cuadrado de cuatro puertas. Por la principal, flanqueada por dos columnas con forma de serpiente, se accede al santuario central, precedido por un vestíbulo y rodeado de un corredor.

En la base de una de las escaleras por las que se accede al templo de El Castillo, las balaustradas tienen forma de serpiente con la boca abierta. Durante los equinoccios de primavera y otoño, esta figura crea sobre las escaleras de la pirámide el efecto de una serpiente que la recorre de arriba abajo.

Juego de pelota

Es el recinto más grande edificado con esta finalidad de toda Mesoamérica. Tiene 166 metros de largo por 68 de ancho. Está en la esquina noroeste del recinto. La avenida central donde se situaban los jugadores está flanqueada por muros verticales donde se colocaban los marcadores. Además, en los muros elevados y paralelos a éstos hay dos anillas de piedra por las que los jugadores debían introducir la pelota. En los dos extremos del estadio hay sendos templetes o tribunas.

Templo de los Jaguares

Integrado en esta edificación se encuentra el Templo de los Jaguares, que está esculpido con representaciones de guerreros, animales y plantas, lo que demuestra el carácter también religioso del juego de pelota. El templo está, asimismo, adornado con frisos de inspiración tolteca, jaguares en procesión y adargas.

Tzompantli

A medio camino entre el juego de pelota y el Castillo está el Tzompantli o la Plataforma de los Cráneos. Tiene un ancho friso que decora los lados de la mesa y muestra varias filas de cráneos empalados, lo que se conoce propiamente con el nombre de tzompantli, lugar donde se exhibían masivamente las cabezas de las víctimas. Éste es un rasgo mexicano posclásico, recogido posteriormente por los aztecas.

Templo de los Guerreros y las Mil Columnas

Al este del complejo de Chichén Itzá se sitúan las ruinas de salas de reunión conocidas como las Mil Columnas. Están compuestas de tambores cuadrados o redondos y esculpidas a

¿SABÍAS QUE...?

En la parte inferior de los muros del juego de pelota se recoge cómo los jugadores de ambos equipos observan la decapitación del capitán del perdedor.

¿SABÍAS QUE...?

En el interior del Templo de los Jaguares hay frescos que reflejan batallas dirigidas por dos jefes; uno de ellos lleva como emblema el disco solar y otro la serpiente emplumada.

Frente a las columnas que representan a Quetzalcoatl en la entrada al Templo de los Guerreros hay una figura de Chac Mool, en postura semisedente, que sostiene en su regazo un cuenco utilizado para los sacrificios.

menudo en bajorrelieve. Se extienden hasta la base del templo y están talladas con relieves de soldados armados. El lugar se usó para rituales militares.

El templo es una construcción piramidal de cuatro cuerpos coronada por una sala de la que no se conserva su techo. La entrada a la parte superior del templo se hacía a través de una puerta escoltada por dos gigantes columnas con la forma de Kukulcán o Quetzalcoatl, como también se conoce a la serpiente con plumas. Recostadas sobre sus cabezas, con la cola sostenían la techumbre, que representaba la bóveda celeste.

¿SABÍAS QUE...?

El Templo de los Guerreros y las Mil Columnas forman un conjunto de inspiración tolteca.

Cenote Sagrado

Se accede hasta al Cenote Sagrado por una calzada elevada de piedra caliza de 300 metros de largo. El cenote tiene 60 metros de diámetro por 20 de profundidad. Situado a espaldas del Castillo, se utilizó para ofrecer sacrificios humanos y objetos preciosos al dios de la Lluvia. Cuando se excavó, se descubrieron unos 50 cráneos y huesos humanos, pertenecientes a individuos de ambos sexos y de todas las edades. Al sacrificado se le arrojaba al pozo al alba, y si a mediodía aún sobrevivía, se le rescataba y se le pedía que hiciese predicciones.

¿SABÍAS QUE...?

Los descubrimientos más valiosos y bellos rescatados del fondo del Cenote Sagrado son discos repujados, collares, máscaras, anillos, pendientes y cascabeles, todos ellos adornados con cobre y oro.

Caracol

Fue edificado en la era posclásica. Es una estructura circular cuyo interior está organizado en espiral. Fue un observatorio destinado a vigilar los movimientos de Venus. Está construido sobre dos plataformas

La forma redonda de El Caracol se asocia con los pueblos de México central, en donde esa silueta se relaciona con el culto a Quetzalcoatl como dios del viento.

rectangulares superpuestas. Su interior está formado por una escalera de caracol que conduce a una pequeña habitación con aberturas para vigilar las estrellas.

Edificio de las Monjas

Cerca de El Caracol está el edificio de las Monjas, uno de los más grandes de Chichén Itzá, usado por los mayas de clase alta como vivienda. En la ornamentación de estilo puuc destacan las numerosas máscaras con representaciones del dios de la lluvia Chaac.

Mérida

Mérida es la capital del estado de Yucatán. Fue trazada alrededor de una plaza central con calles rectas y construida con edificios blancos. Cada sector de la ciudad conserva un ambiente distinto. La ciudad, la más elegante de todo el estado, es un ejemplo del estilo colonial de construcción de espacios urbanos.

¿SABÍAS QUE...?

La actual ciudad de Mérida fue fundada en 1542 sobre la antigua ciudad maya de T'ho, y dista 319 km de Cancún, 196 km de Campeche y 36 km del mar.

A pesar de que, según las épocas, la Plaza Mayor de Mérida estuviese abierta o cercada, su centro fuese un kiosco o un mástil para izar una bandera, conserva su concepción primitiva de parque por el que pasear y descansar.

Plaza Mayor

Ubicada en el centro de la Mérida primitiva, la plaza Mayor está compuesta por bellas zonas ajardinadas y ha sufrido a lo largo de los siglos numerosas modificaciones. Está enmarcada por los edificios más importantes de Mérida. Al norte están el palacio de Gobierno y la residencia de los gobernadores y capitanes generales. Al sur está la residencia del conquistador Montejo, que ocupaba en un principio todo el lateral, aunque hoy está bordeada por otros edificios. Al este están la catedral, del siglo XVI, y los edificios del arzobispado, que hoy son la sede de un museo de arte moderno, y al oeste está el palacio Municipal.

Palacio del Gobierno

El palacio del Gobierno, inaugurado en 1892, fue construido sobre las antiguas casas reales. Tiene dos plantas y un patio central, así como un ancho portal de arquería clásica. El Salón de la Historia tiene murales de Fernando Pacheco que narran la historia de la región.

Casa de Montejo

La casa de Montejo, construida en estilo plateresco y con hermosos balcones de hierro forjado, es una de las edificaciones más antiguas de Mérida. Fue construida entre 1543 y 1551. Hoy día es la sede de una sucursal bancaria.

Catedral

La catedral, situada al este de la plaza, fue levantada entre 1562 y 1598. Fue la primera que se terminó del continente, y hoy día es una de las más antiguas que se conservan. Su construcción consta de tres naves y doce columnas, y está coronada por una magnífica cúpula. En su exterior se observan dos torres de influencia mozárabe, y su fachada, sobria y austera, tiene tres pórticos de estilo renacentista.

La catedral tiene un importante archivo y una gran colección de pinturas antiguas.

¿SABÍAS QUE...?

Durante la revolución de 1915 la catedral fue demolida, y se quemaron el Cristo de las Ampollas –imagen de más de siete metros que aún se conserva–, el altar, el órgano y otras obras de arte.

¿SABÍAS QUE...?

En la construcción de la catedral fueron utilizados los materiales de una antigua pirámide maya situada donde hoy está el palacio Municipal.

Palacio Municipal

El palacio Municipal es un edificio del siglo XVII que ha sido transformado varias veces. La torre que posee lo diferencia del resto de las edificaciones de la ciudad.

Plazas y jardines

Mérida es famosa por sus espacios abiertos y verdes.

Plaza de Santa Lucía

La plaza de Santa Lucía acoge la noche de los jueves la música romántica de la trova yucateca. En la misma calle se encuentra el parque Hidalgo, donde suenan los sones de la marimba en las mañanas de los domingos.

Plaza de la Madre

La plaza de la Madre posee un jardín con una estatua blanca en honor a la maternidad. Muy cerca de allí hay otros dos parques que merecen la pena: el de Las Américas, que tiene numerosos jardines floridos y espesos árboles, y el parque Centenario, en el que hay un pequeño zoológico para el disfrute de los más pequeños.

¿SABÍAS QUE...?

Las iglesias de Santa Ana, San Cristóbal, Santa Lucía, San Sebastián, La Candelaria, Santiago y San Juan Bautista son un claro exponente del arte religioso colonial.

Iglesias y conventos

Mérida estuvo dividida en barrios formados por etnias distintas. Cada zona de la ciudad tenía su propia plaza e iglesia.

Iglesia de Jesús

Destaca la iglesia de Jesús, que tiene un amplio crucero y dos campanarios, y fue construida por los jesuitas en el siglo XVII.

Iglesia de Nuestra Señora de la Consolación

La iglesia de Nuestra Señora de la Consolación tiene una sola nave y bóveda de cañón. Desde su mirador, que tiene una arquería mudéjar, se domina todo el centro de la ciudad.

Ermita de Santa Isabel

La ermita de Santa Isabel, a las afueras de Mérida, es una modesta construcción de una sola nave, elegante y solitaria, protagonista de una plaza transformada en jardín que rodea el edificio.

Convento de San Francisco

Con respecto a los conventos, merece la pena el de San Francisco, alzado sobre los restos de una antigua pirámide. En un principio se iba a construir sobre su planta una fortificación para proteger la ciudad de los ataques. La muralla discurría alrededor del convento, que fue saqueado y secularizado en 1820, momento en el que también se destruyeron sus archivos.

Convento de la Mejorada

El convento de la Mejorada es un conjunto de varias construcciones del siglo XVII. En la actualidad sus edificios están ocupados por una iglesia y su sacristía, la escuela de arquitectura y el museo de Arte Popular.

Otros lugares imprescindibles

Paseo Montejo

El paseo Montejo es uno de los sitios más populares de Mérida, y se conoce como la versión mexicana de los franceses Campos Elíseos. El paseo cuenta con edificios coloniales, tiendas, restaurantes, hoteles y el palacio de Cantón, emblemático edificio construido en pleno auge de la zona, a principios del siglo pasado, que alberga en la actualidad al museo de Antropología e Historia. Al final del paseo está el monumento a la Patria, que resume en bajorrelieve la historia del país.

Mercados populares

Tampoco hay que perderse alguno de los mercadillos de la localidad. El mercado García Rejón y el Municipal dan cobijo a numerosos artesanos que venden sus productos. En el Municipal, el más importante de la localidad, se pueden encontrar alimentos y artesanía típica. El mercado central fue construido en el recinto de las ruinas del convento de San Francisco.

¿SABÍAS QUE...?

A lo largo del kilómetro por el que se extiende el frondoso paseo Montejo se encuentran numerosas calesas tiradas por caballos.

El estilo puuc

El arte de la ruta puuc se caracteriza, sobre todo, por sus elementos decorativos: mosaicos en relieve que se tallan en la parte superior de las fachadas, columnas y puertas. En cuanto a su arquitectura, son característicos los grandes edificios alargados alrededor de plazas rectangulares que forman grupos cuadrangulares.

Uxmal

La arqueología ha demostrado que la ciudad de Uxmal ya existía en el año 800 a.C. Su nombre significa "construida tres veces". En su primera etapa, entre el siglo III y el VI, se asentó el estilo puuc y se recibieron influencias del norte de Campeche. Entre los siglos VII y XI alcanzó su máximo esplendor, convirtiéndose en una de las grandes capitales regionales de los mayas del norte.

La ruta puuc

Es un circuito de lugares mayas que han sido explorados y restaurados. Uxmal es un claro modelo del ornamentado de estilo puuc, nombre que procede de las cordilleras que recorren esta zona de Yucatán. Además de Uxmal, que es uno de los espacios mayas más visitados y mejor conservados, existen restos menores en Kabah, Sayil y Labná.

Uxmal

En el grupo de Uxmal, a 77 km de Mérida, están los restos arqueológicos más importantes de la región del Puuc. Destacan del conjunto la gran cantidad de estelas encontradas y sus grupos en forma de cuadrángulos, formados por grandes edificios alargados alrededor de plazas rectangulares. Entre sus instalaciones están el juego de pelota, la pirámide del Adivino, el palacio del Gobernador, el Cuadrángulo de las Monjas, la casa de Tortugas, el Palomar y la gran Pirámide. Uxmal ha sido declarada Patrimonio de la Humanidad por la UNESCO.

¿SABÍAS QUE...?

En Uxmal se desarrolló el estilo puuc tardío, con profusión de motivos de serpientes. Antes de la conquista española pasaron por una tercera fase de influencia tolteca.

Pirámide del Adivino

La pirámide del Adivino tiene 35 metros de altura y consta de dos escalinatas por las que se accede al templo superior. Se construyó en varias fases.

Palacio del Gobernador

El palacio del Gobernador es de estilo puuc reciente, ya que fue construido alrededor del siglo X. Se compone de una parte principal y dos alas sobre un solar de 100 metros de largo por 12 de profundidad. Se accede a él a través de 13 puertas, que se abren a 20 habitaciones. La puerta central del palacio está rematada por una efigie del rey sobre un fondo de serpientes bicéfalas adornadas con símbolos celestes.

Cuadrángulo de las Monjas

En la decoración del cuadrángulo de las Monjas predominan las celosías, serpientes, máscaras de Chaac y Tlaloc –también dios del agua–, jaguares, búhos, figuras humanas y chozas. Los edificios, que tienen dos filas de habitaciones, rodean un patio de 76x61 metros y fueron construidos sobre dos falsas plataformas.

El Cuadrángulo de las Monjas debe su nombre a los españoles que conquistaron la zona, que pensaron que los aposentos fueron habitados por sacerdotisas mayas y que compararon su planta con la de un convento.

Casa de las Tortugas

La casa de las Tortugas destaca por sus proporciones y sencillez. El friso se compone de columnitas adosadas, y por encima de él hay unas tortugas esculpidas con mucho realismo. La tortuga era para los mayas uno de los animales más emblemáticos de la Tierra.

Palomar

El Palomar debe su nombre a las crestas que coronan el edificio y que recuerdan a las casas de las palomas. Se trata de un palacio residencial construido en el siglo VII que se conserva en muy mal estado, aunque se sabe que sus paredes estuvieron cubiertas de adornos de estuco.

Gran Pirámide

La Gran Pirámide tiene forma cuadrangular, y está formada por nueve cuerpos escalonados. Se accede al templo superior a través de la escalinata del norte. Destacan sus celosías.

Otros restos puuc

Kabah

Kabah está a 18 km de Uxmal, y es un ejemplo de arte religioso puuc. Destacan el palacio de las Máscaras, con más de 300 representaciones del dios de la Lluvia, y el templo de las Columnas.

¿SABÍAS QUE...?

La ciudad de Kabah es famosa por la ornamentación de sus edificios, que se asemeja a encajes.

Sayil

Más al sur está Sayil, que significa "lugar de hormigas". En esta localidad sobresale su palacio de tres pisos con una ancha escalera central. La decoración del primer piso se limita a un friso, mientras que el segundo piso alterna sus numerosos vanos con grupos de pequeñas columnas adosadas. El friso superior presenta máscaras del monstruo terrestre, acceso figurado al mundo subterráneo. El tercer piso es mucho más sobrio.

Labná

Labná es famosa por sus altos arcos volados, que forman parte de una estancia abovedada cuadrada. Su decoración reproduce chozas mayas, que forman hornacinas que albergaron estatuas. El friso exterior está formado por dos grecas en zigzag sobre un fondo de columnas adosadas.

¿SABÍAS QUE...?

De Labná destaca su mirador, desde el que se observa la ciudad maya, y su palacio de tres niveles, que representa las fases lunares y fenómenos atmosféricos.

Grutas de Loltún

Cerca de estos tres lugares arqueológicos se encuentran las grutas de Loltún. A 19 km al noroeste de Labná se pueden recorrer túneles de aproximadamente 1,5 km que forman laberintos subterráneos llenos de estalagmitas y estalactitas. En la zona se encontraron, además, instrumentos que revelan que el lugar estuvo ocupado por humanos hace, al menos, 2.500 años.

¿SABÍAS QUE...?

Las grutas de Loltún forman el sistema de cavernas más elaborado de Yucatán.

Edzná (Campeche)

La ciudad de Edzná es un perfecto ejemplo de la organización urbana de los mayas porque, al encontrarse en un valle aislado de los otros centros de población, sus habitantes se vieron obligados a crear sus propias estructuras de organización social.

Situada al norte de este estado mexicano, a unos 60 km de la capital, no es una zona que reciba gran afluencia de visitantes, pero tiene algunas características propias que dan al lugar un valor añadido.

Desde el siglo III inició un intercambio con la región de Petén (Guatemala): Edzná aportaba el excedente agrícola de la región y los guatemaltecos les enviaban productos de artesanía, convirtiéndose ésta, a su vez, en una vía de entrada de cultura. Más tarde establecerían relaciones comerciales con otras localidades, por lo que en su arte se aprecian numerosos estilos.

¿SABÍAS QUE...?

A diferencia de las otras ciudades del área septentrional, Edzná floreció durante el periodo clásico por su cercanía a la zona central del mundo maya. Se calcula que en el año 650 tenía unos 70.000 habitantes.

Restos arqueológicos

Los restos de Edzná se agrupan en dos zonas: la primera, al este, es un centro ceremonial; la segunda, al oeste, está dominada por una construcción no restaurada. La mayor parte de la zona, que se extiende por 2 km, está aún sin explorar.

Pirámide de los Cinco Nichos

De la Gran Acrópolis que forma el centro ceremonial destaca la pirámide de los Cinco Nichos. Está formada por cuatro pisos coronados por un

templo, al que se accede por una escalera que nace en la plaza que lo precede. Su altura total es de 31 metros, lo que la hace visible desde los alrededores de Edzná. Los cinco pisos tienen estilos arquitectónicos y decorativos diferentes.

Plaza Mayor y sus alrededores

La plaza Mayor, situada frente a la pirámide, mide 170x96 metros y está inclinada al sur para evacuar la lluvia. Existen otras edificaciones en la zona, como el gran edificio Nohol Na, con 120 metros de fachada, el templo de los Cuchillos, espacio rodeado de construcciones de distintas fechas, o la casa del Sur. Sin embargo, no están explorados ni restaurados en su totalidad.

La zona central: México

La zona central del mundo maya, cuyas ciudades fueron el centro de la civilización en la época clásica, está dividida en dos países. Por un lado, los estados mexicanos de Tabasco, Chiapas y Campeche albergan muchas de estas construcciones, algunas de ellas, como las de Palenque (Chiapas), de gran importancia.

Comalcalco (Tabasco)

Los edificios de Comalcalco están construidos con adobe: ladrillos de arena, barro y concha de ostión se superponen para dar forma a las estructuras mayas debido a la falta de piedra en la jungla de esta región. Este conglomerado era cocido y posteriormente fue utilizado para los 282 edificios que cubrieron un área de 10 km².

Comalcalco representa uno de los pocos restos mayas que han sobrevivido en este estado al paso del tiempo. A 55 km al oeste de la capital de Tabasco, Villahermosa, Comalcalco es uno de los poblados mayas más occidentales de la zona. Fue construido a finales del periodo clásico (siglo VII), en la etapa que se conoce como clásico tardío, y cuenta con la peculiaridad de que la materia prima de sus construcciones es el adobe.

¿SABÍAS QUE...?

Algo característico de las construcciones de Comalcalco son sus tejados inclinados, utilizados para repeler el agua de la lluvia, y las figuras de estuco elaboradas en la zona, que revelan la influencia que la cultura de Palenque ejerció sobre la zona.

Arquitectura

Comalcalco tiene dos grupos de edificios y muchas zonas que aún no han sido excavadas. El templo I está sobre una gran plaza. Allí, unas escaleras rojas conducen a la gran Acrópolis, desde cuya cima se tienen unas vistas espectaculares sobre la jungla y las plantaciones de cacao. Los templos VI y VII se encuentran cerca de allí. En el primero de estos edificios de culto llama la atención la gran máscara de estuco que representa al dios del Sol.

Un museo anejo al recinto explica cronológicamente la historia y los eventos más importantes acaecidos en Comalcalco.

¿SABÍAS QUE...?

Palenque estuvo habitada desde el siglo I a.C., sin embargo, su mejor etapa la vivió entre los siglos VII y IX de nuestra era. De esta fecha datan sus edificios.

Palenque (Chiapas)

Palenque se diferencia de todas las demás zonas mayas en un aspecto fundamental: su enclave. Situado en la falda de una montaña, rodeado por la jungla, Palenque tiene el encanto que le proporciona la selva:

al amanecer y al atardecer multitud de ruidos de procedencia dudosa invaden las ruinas, muchas de ellas aún escondidas bajo los frondosos árboles de esta selva. El pueblo de Palenque se fundó en el siglo XVII y está a unos 11 km de la zona arqueológica.

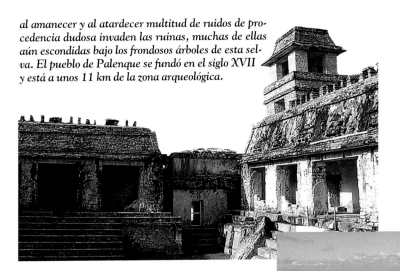

Restos arqueológicos

La etapa de esplendor de Palenque, entre los siglos VII y IX d.C., comenzó con el reinado de Pacal, elevado luego a la categoría de divinidad maya y convertido en una de sus más importantes deidades. A él se debe la construcción del templo de las Inscripciones, levantado en los últimos años de su vida para que fuese utilizado como su tumba.

A Pacal le sucedió su hijo Chan-Bahlum, que continuó con el programa arquitectónico de su padre y edificó tres templos enfrentados alrededor de una plaza: el de la Cruz, el del Sol y el del Trébol.

Por último, el palacio, la construcción más grande del lugar, fue levantado a lo largo de dos siglos por sucesivos monarcas.

¿SABÍAS QUE...?

En Palenque se han encontrado un juego de pelota y numerosos templos, pero están aún a medio excavar. Se cree que la jungla puede albergar muchas más construcciones.

Palenque se diferencia de otros lugares de las tierras bajas del área central en su estilo arquitectónico, que es más ligero y delicado. Relieves de yeso pintados con colores brillantes representaban a los gobernantes y sus familiares y cubrían los edificios.

A finales del siglo XVIII corría entre los habitantes de la zona el rumor de que existían "casas" en medio de la jungla. El gobernador de Guatemala mandó a sus exploradores, que descubrieron parte del complejo que hoy se visita en Palenque. Lo que veían los habitantes de la zona no era otra cosa que el templo de las Inscripciones, que con sus 30,5 metros de altura se abría paso entre los árboles de la selva.

Templo de las Inscripciones

Mandado construir por Pacal para que fuese su monumento funerario, el templo conserva tres paneles de glifos, símbolos de la escritura maya, que forman la inscripción más larga que se conserva de esta civilización. Ésta, tallada sobre artesonado, describe la vida y la historia del rey Pacal y de su familia.

Cuatro años tardaron los arqueólogos en alcanzar la tumba de Pacal. El sarcófago del rey estaba cerrado por una maravillosa losa en la que se representaba el Árbol del Mundo, que muestra la forma de concebir el universo de los mayas. En el sarcófago de Pacal, además, aparecen otros símbolos secundarios. Dos franjas de cielo a los lados del árbol lo sitúan como eje central del Universo. Pacal aparece muerto en la base del árbol, y también están representados la noche y el sol, lo que enfatiza el contraste entre el mundo terrenal que Pacal dejaba y el mundo subterráneo al que se dirigía.

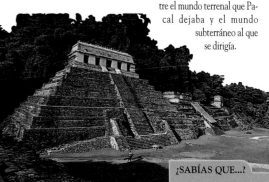

En el interior de la tumba de Pacal se encontraron los huesos del rey. Su rostro estaba cubierto por una máscara de jade muy trabajada, con conchas incrustadas en la zona de los ojos. El jade era el material más preciado de los mayas. El hecho de que Pacal llevase esta máscara indica que el rey había sido elevado a un estatus de gobernante divino. También se encontraron otras figuras de este material cerca del cuerpo del difunto.

Grupo de la Cruz

Lo forman los tres templos que construyó Chan-Bahlum y que estaban dispuestos alrededor de una plaza: el templo de la Cruz, el templo del Sol y el templo del Trébol. Construidas sobre estructuras piramidales, las tres edificaciones tienen un pequeño santuario en su interior. Fueron alzadas entre los años 683 y 692, al comienzo del reinado del hijo de Pacal.

¿SABÍAS QUE...?

Para los mayas, el mundo era plano y cuadrado, sostenido por los puntos cardinales. El Árbol del Mundo sujetaba el cielo y era, a su vez, una alegoría de la creación y un canal por el que las almas de los muertos ascendían al firmamento.

Los artesonados tallados en la parte posterior de los templos aluden a la historia de la creación maya y al nacimiento de las distintas deidades, en un lenguaje de jeroglíficos combinados con imágenes. En el Templo de la Cruz están reproducidos Pacal y Chan-Bahlum junto al Árbol del Mundo. En el Templo del Trébol se presenta este mismo artesonado, pero en este caso el Árbol del Mundo ha sido sustituido por un maíz gigante, en cuyas mazorcas hay cabezas humanas. Esto simboliza la creencia de que las personas fueron creadas a partir de harina de maíz. Un tercer artesonado, en el Templo del Sol, muestra a ambos reyes junto a sendos escudos de guerra decorados con la cabeza de un jaguar y dos lanzas cruzadas.

En los templos del Grupo de la Cruz los jeroglíficos que se encontraron narran la creación y la historia de la familia de Pacal. Por otro lado, las imágenes muestran tres de las cualidades que se le presuponían a un rey: el Árbol del Mundo simboliza la habilidad del rey para moverse entre la tierra, los dioses y antepasados; la inscripción del maíz muestra la capacidad del soberano para asegurar buenas cosechas, y los escudos aluden a la capacidad del monarca para realizar proezas en las batallas.

Palacio

El palacio es el fruto de dos siglos de construcciones llevadas a cabo por unos seis monarcas. Las quince edificaciones que forman el grupo están dispuestas alrededor de tres patios sobre una plataforma de diez metros de altura. Tanto las habitaciones como los pasillos estaban decorados con estuco. En una de las cámaras se encontró un baño de vapor y retretes conectados a desagües, lo que hace pensar que en el edificio vivían algunos dirigentes.

Integrada en el recinto hay una torre de cuatro pisos que es única en los enclaves situados en la zona media del mundo maya. Los estudiosos no han aclarado si la torre del palacio de Palenque se utilizó como observatorio astronómico o como torre de vigilancia.

¿SABÍAS QUE...?

El palacio de Palenque no es una residencia real, sino un conjunto reservado al rey y a sus sacerdotes, compuesto por un grupo de edificios destinados a la celebración de rituales.

¿SABÍAS QUE...?

Alrededor del perímetro del palacio hay largas galerías abiertas al exterior. Una gran parte del palacio estuvo cubierta de brillantes pinturas de colores en su época de esplendor.

Chicanná (Campeche)

Los recintos mayas de la zona central de la península de Yucatán fueron ignorados por los exploradores y arqueólogos durante mucho tiempo; no sería hasta los años 30 cuando se empezase a relanzar tanto Chicanná como sus vecinas Becán y Kohunlich.

Chicanná posee varios edificios bien conservados y restaurados. El más espectacular de ellos se conoce como Estructura 2 y está formado por tres partes: un edificio central, profusamente esculpido, y dos alas laterales más austeras. Las paredes estuvieron estucadas y pintadas; aún hoy se ven algunos glifos.

¿SABÍAS QUE...?

En el tejado de la Estructura 2, sobre las alas laterales, hay unas chozas con hornacinas que probablemente contuvieron estatuas en la época maya.

El recargado edificio central tiene como protagonista de su portada al monstruo terrestre, punto de acceso al más allá, cuya boca constituye la entrada al templo. El umbral representa la mandíbula del monstruo. El hocico que hay sobre la puerta muestra una boca con afilados dientes. Destacan los colmillos, en forma de T. Desde la esquina de las fauces salen dos volutas que representan el aliento vital. En las orejas, otras volutas, rematadas por sendos huesos, representan el crecimiento vegetal y la muerte. Una gran serpiente bicéfala forma un arco por encima del mascarón, y se cree que podría representar el cielo.

Becán (Campeche)

Es el mayor recinto de esta zona. Se trata de una ciudad amurallada y rodeada de un foso de cinco metros de profundidad y 16 de ancho. En las construcciones de Becán, de las que destacan el palacio y el templo-pirámide, se reconocen grupos de columnitas adosadas, dameros, cruces y mascarones repartidos por las fachadas, exponentes de su estilo artístico.

¿SABÍAS QUE...?

Aunque se cree que la ciudad de Becán se levantó en el preclásico, algunos restos fechan su nacimiento en el clásico antiguo.

¿SABÍAS QUE...?

Becán fue capital de la región durante los cinco siglos que funcionó. Por sus rasgos arquitectónicos se incluye entre las ciudades de estilo Río Bec, caracterizado por formas redondeadas y ornamentaciones exuberantes.

Su pirámide contiene nueve habitaciones, comunicadas entre sí, de altos techos –algunos llegan a ocho metros– y completamente oscuras, ya que sólo había entre ellas un estrecho pasillo que era la única salida al exterior. Esta distribución del interior de la pirámide indica que fue utilizada para procesiones rituales en un entorno que pretendía reproducir el ambiente del inframundo.

Xpuhil (Campeche)

Xpuhil

En el exterior del edificio I de Xpuhil se aprecian tres puertas que constituyen la fachada principal, todas ellas ricamente talladas con el monstruo de la tierra, que abre sus fauces y muestra sus poderosos colmillos. En los laterales de la entrada hay mascarones a escala más reducida de la misma figura. Con este artesonado los mayas querían hacer saber que el edificio representaba a la Tierra.

Al este de los restos de Becán está Xpuhil, ya casi en la frontera entre Campeche y Quintana Roo, en el sur de ambos estados. La mayor parte de la zona excavada de esta población data de la época posclásica, aunque el edificio más importante se enmarca dentro del estilo Río Bec, que se desarrolló entre los siglos VII y IX, y que se caracteriza por representar a la entrada de sus templos al monstruo terrestre.

Edificio I

El edificio I de Xpuhil es un templo enmarcado por tres falsas pirámides cuyas escalas son meramente decorativas, ya que no se puede acceder por ellas a la parte superior de la construcción, dada su inclinación. En todas ellas aparecen mascarones del monstruo terrestre. Las escaleras conducen a templos, también falsos, en los que este mismo monstruo tiene gran importancia: la puerta la forman tres de ellos: el del dintel, de frente, y los dos de las jambas que se encuentran de perfil.

Kohunlich
(Quintana Roo)

¿SABÍAS QUE...?

La antigua ciudad maya de Kohunlich sobrevivió a todos los periodos de la civilización.

Estas ruinas arqueológicas se encuentran a unos 70 km del Caribe, y fueron exploradas y restauradas a finales de los 60, aunque no tomarían impulso hasta la década de los 90.

Plaza Mayor

Destaca en el recinto su plaza Mayor, construida en el clásico reciente. En ella hay tres estelas lisas a cuyo pie se construyó un altar de mampostería. Una larga plataforma alinea varios edificios cuyas puertas están enmarcadas con columnas germinadas.

Pirámide de los Mascarones Solares

En un extremo del recinto se encuentra la Pirámide de los Mascarones Solares. Las cuatro gradas levantadas a ambos lados de la escalera central están decoradas con máscaras del dios Sol moldeadas en estuco y cromadas. Éstas fueron protegidas por una pirámide posterior que recubrió la primera y que aún hoy se conserva en la base.

Las pirámides

Hasta 1952 se pensó que las pirámides no eran sino la base que sostenía un templo. Para los mayas, cuando las almas morían,

La segunda y la tercera grada tienen figuras de forma humana en cuyos ojos se lee el símbolo maya del sol. Sus bocas tienen forma de serpiente y representan al cielo. Sus fauces, abiertas, están formadas por dos mandíbulas verticales, en las que destacan sus incisivos, unidos por un trozo de cielo. Cada rostro está enmarcado por dos mascarones.

En la cuarta grada el rostro humano se ha sustituido por el del jaguar. Este animal, en la cultura maya, era el más temido de los bosques que rodeaban a las antiguas ciudades. Se le presuponían poderes sobrenaturales y conexión con el dios Sol y con otras deidades. Asimismo, se le relacionaba con el mundo subterráneo debido a las costumbres nocturnas de este felino. Concretamente, se creía que el sol, al ponerse, viajaba al mundo subterráneo convertido en un jaguar sobrenatural.

se quedaban en el interior de las altas montañas. Como no existían montañas de grandes dimensiones en su entorno, los mayas construían las pirámides para emular a las lejanas montañas para que allí descansasen sus antepasados. Sin embargo, en 1952, un explorador se adentró en el templo de las Inscripciones de Palenque y descubrió que algunas de las planchas del suelo tenían agujeros en los laterales, lo que indicaba que había algo en un estadio inferior. Efectivamente, el arqueólogo levantó la losa y encontró unas estrechas escaleras llenas de escombros que conducían al sepulcro de Pacal. Desde entonces, los estudiosos del mundo maya fueron conscientes de que las pirámides no sólo servían para sustentar templos y como lugar de reposo de las almas, sino que también algunos personajes ilustres eran enterrados dentro de estas estructuras.

¿SABÍAS QUE...?

La pirámide de los Mascarones Solares representa las apariciones solemnes del Sol, bien como deidad o encarnado en el rey o en el jaguar, el animal con el que se le identificaba.

La zona central: el Petén guatemalteco

En Guatemala se encuentran algunos de los restos más importantes de esta civilización y, entre todos, destacan los de la selva del Petén. Esta jungla tropical se extiende por el departamento homónimo, situado al norte de Guatemala, y ocupa una tercera parte del país. La segunda selva más importante del continente americano, después de la amazónica, está cruzada por caudalosos ríos y salpicada con pequeños lagos. La selva del Petén acoge a más de 300 especies de pájaros, monos aulladores, ocelotes, tucanes y otras especies. Pero el rey es, sin duda, el jaguar, que durante siglos ha paseado su grandeza por la selva llamando la atención de los mayas.

Tikal

En medio del paisaje exuberante de la selva establecieron los mayas sus ciudades hace siglos. Durante más de 1.800 años levantaron sus edificaciones y en ellas rindieron culto a sus dioses, hasta que fueron abandonadas por motivos que aún hoy se desconocen. En Petén se han contabilizado más de 2.000 sitios arqueológicos, entre los que destaca Tikal, ciudad maya situada en medio de la selva tropical que fue uno de los centros vitales de la civilización maya.

La zona central de Tikal se extiende por 16 km² en los que se han encontrado más de 3.000 piezas arqueológicas, aunque muchas más pueden seguir ocultas por la selva. Destacan entre ellas la gran Plaza, alrededor de la cual se levanta el templo 1 o templo del Gran Jaguar, el templo 2 y la gran Acrópolis. Pero la edificación más impresionante es, sin duda, la enorme pirámide que se levanta a 70 metros sobre la jungla, la más alta de cuantas existieron o, al menos, de cuantas hoy se conservan.

Tikal es, ante todo, un gran centro funerario, uno de los lugares de enterramiento más importantes de la región maya.

Además de los restos mayas, la ciudad tiene dos museos; uno de cerámica y otro de estelas, elementos que proliferan en el complejo arqueológico.

¿SABÍAS QUE...?

Guatemala es, por su ubicación geográfica, el corazón del mundo maya sin lugar a dudas.

¿SABÍAS QUE...?

Tikal fue declarada en 1979 Patrimonio Cultural y Natural de la Humanidad por la UNESCO.

¿SABÍAS QUE...?

A Petén se puede llegar en avión, en un vuelo que cubre el trayecto entre Guatemala Ciudad y el aeropuerto de Santa Elena en media hora. Por carretera habrá que recorrer 525 km, viaje para el que se calcula una duración aproximada de siete horas.

Gran Plaza

En el corazón de Tikal, la gran Plaza fue en su día el centro sobre el que giraba la vida de la ciudad. Está rodeada por los templos 1 y 2 y la acrópolis Norte. Además, hay en ella numerosas estelas acompañadas de pequeños altares.

Templo del Gran Jaguar

El templo 1 o templo del Gran Jaguar es la mejor pirámide de la plaza central. En él descansa el rey Ah Cacau, uno de los monarcas que más éxito tuvo al frente de la ciudad, posición que ocupó entre los años 682 y 723.

Acrópolis del Norte

La edificación más imponente es la acrópolis del Norte. Es una estructura compuesta de tumbas y templos. En la acrópolis hay gran variedad de estilos arquitectónicos. Algunos proceden del centro de México, de fuera del entorno del mundo maya, lo que indica que los contactos comerciales de la región se extendieron hasta Teotihuacán, de cuyos habitantes recibieron algunas influencias culturales y artísticas.

La acrópolis del Norte, que ocupa 10 de los 16 km^2 de Tikal, es fruto de un proceso de construcción que duró muchos siglos; lo que sobrevive hoy corresponde a la última fase. Al principio, debió de haber una pequeña plataforma que aguantaba una pirámide como santuario, construida en el año 200 a.C. y muy similar a todas las demás pirámides edificadas por los mayas en este periodo. Según fueron falleciendo los gobernantes, se fueron colocando sus tumbas sobre otras, lo que daba lugar a una superposición de templos y pirámides. Lo que vemos hoy es un conjunto de pirámides y templos que albergan

Durante la última época del periodo preclásico sólo existían en la Acrópolis del Norte unos cuantos santuarios de enterramiento, pero paulatinamente esta zona se fue convirtiendo en un lugar de descanso para los reyes de Tikal, hasta llegar a convertirse en una de las áreas de enterramiento más importantes de todo el mundo maya.

los sepulcros de los distintos reyes. Las pirámides primitivas, según demuestran las excavaciones, debieron de estar decoradas con máscaras de yeso que representaban al dios Sol y que se situaban junto a la escalera de acceso.

Las grandes pirámides

Todo aquel que pasa por Tikal tiene una actividad obligada: subirse a la zona más alta del templo 4, la pirámide de 70 metros que levanta su cresta sobre el espesor de la jungla. Aquel que logre ascender hasta esa altura a través de las empinadas escaleras de la construcción, alzada en el año 741, tendrá su recompensa al llegar a la zona más alta: ante él se abrirá la inmensa y tupida selva verde del Petén. Igual de recomendada está la ascensión a la gran Pirámide del Mundo Perdido, construida en el año 600.

Entre las instalaciones del Parque Nacional de Tikal destacan, además de los hoteles, restaurantes y el mercado de artesanía, los dos museos que dan cobijo a los restos encontrados en la zona. Se trata del museo de Sylvanus-Morley, que tiene numerosas piezas de cerámica, y el museo de las Estelas, en el que hay, entre otras cosas, una gran colección de ellas.

En las tumbas de la Acrópolis se depositaban una serie de ofrendas para el viaje que el difunto iba a emprender a través del infierno. Se han encontrado pucheros pintados o tallados que muestran al gobernante en vida y que posiblemente se depositasen en la tumba llenos de alimentos, ya que no se pensaba que el sepulcro fuese el lugar de descanso eterno de un rey. También se ha hallado un juego de huesos tallados que representan al dios del Maíz viajando al infierno en una canoa, acompañado de criaturas sobrenaturales.

¿SABÍAS QUE...?

En el parque natural que forma Tikal se han encontrado juegos de pelota, palacios y más templos, e incluso una sauna. A todos estos restos se accede a través de senderos que se internan en la jungla y sobre los que hay muchas estelas. Así, a lo largo del camino se podrán observar de cerca sus inscripciones y los altares que las acompañan. Las sendas, que muchas veces retoman el trayecto de antiguas calzadas mayas, están perfectamente restauradas.

Los museos

Museo de Sylvanus-Morley

En el museo de Sylvanus-Morley destaca, además de sus colecciones de cerámica clásica, una réplica de la tumba del rey de Tikal, Ah Cacau, descubierta bajo el templo 1. Además hay piezas de hueso labrado, entre las que sobresale una escena de dioses zoomorfos viajando en canoa, y bellas alhajas de jade y concha.

Museo de las Estelas

El museo de las Estelas, por su parte, es un amplio edificio que recoge las estelas esculpidas y los altares del lugar –las estelas lisas se han dejado en sus sitios originales–. Se solía grabar en la parte frontal de la estela el retrato del gobernante, mientras que el resto del bloque de piedra rectangular se esculpía con jeroglíficos. Muchos de los altares de Tikal son circulares.

El museo de las Estelas tiene además una maqueta a escala de la antigua ciudad. El centro exhibe fotografías de cómo se fue explorando y descubriendo Tikal.

Las estelas, en la civilización maya, eran monumentos conmemorativos que reproducían los acontecimientos de más importancia que se producían durante la vida de un rey. Generalmente las estelas están acompañadas de otra piedra tallada horizontal que haría las veces de altar destinado a sacrificios y ofrendas.

De entre las esculturas encontradas en Tikal, llama la atención la de la estela 31, que representa al rey Cielo Tormentoso. En su tocado lleva tallados los glifos que forman su nombre. En su brazo izquierdo lleva un cetro que contiene al jaguar solar coronado con el glifo de Tikal, y junto a él se encuentran dos guerreros con la vestimenta característica del México central.

Uaxactún

Uaxactún fue abandonada definitivamente en el siglo X, y su asentamiento no empezó a ser excavado hasta 1926. Los estudios sobre los restos encontardos en la zona ayudaron a perfeccionar los estudios arqueológicos de las tierras bajas centrales, ya que sus inscripciones, cerámica y arquitectura permitieron identificar fechas determinantes.

A sólo 23 km de Tikal, en un bosque, se encuentra Uaxactún, un sitio pequeño con un bonito observatorio que demuestra lo avanzado y lo perfecto de los sistemas astronómico y matemático de los mayas. Su nombre significa "ocho piedras", y el asentamiento floreció en el periodo clásico, entre los siglos IV y IX. Estas fechas están contrastadas con dos de las estelas que se han encontrado en la ciudad: la más antigua de ellas está fechada en el año 328, mientras que la pieza más actual que ha aparecido en el emplazamiento data del 889. La primera de las estelas es la más antigua que se ha encontrado en todo el mundo maya.

Restos arqueológicos

Los restos arqueológicos de Uaxactún están compuestos por un observatorio, templos, palacios y otras estructuras agrupadas en cinco complejos diferentes –cada uno sobre una colina–, entre los que se perciben pequeñas casas.

¿SABÍAS QUE...?

En Uaxactún se han encontrado vasijas de barro policromado que sobresalen por su alta calidad y belleza.

Nakum

Nakum es un sitio de menor importancia que está a 17 km al norte de su vecina Yaxhá. Se fundó, probablemente, al final de la época clásica maya. El sitio no se ha restaurado, pero está bien preservado y tiene expuestos varios edificios importantes. Sin embargo, sólo se puede visitar durante el invierno, ya que la estación de lluvias dificulta el acceso a la zona.

> **¿SABÍAS QUE...?**
>
> Cerca de los restos del observatorio del Solsticio, se han encontrado 15 estelas; tres de ellas fechadas en 771, 810 y 849, respectivamente.

Arquitectura

> **¿SABÍAS QUE...?**
>
> Al este de la ciudad de Nakum, hay cinco acrópolis de dimensiones considerables.

La ciudad está dividida en dos complejos de grandes edificios, unidos entre sí por una calzada ceremonial. Alrededor de una enorme plaza rodeada de macizos edificios, se encuentra el palacio D, la mayor de las estructuras del lugar, con 44 habitaciones. Frente a otro de los edificios, el templo A, hay una serie de monolitos de caliza que están muy erosionados, pero que se supone que se utilizaron, como en Uaxactún, para medir los solsticios y equinoccios. Estos restos se conocen como el observatorio del Solsticio.

Yaxhá

El nombre del poblado de Yaxhá significa "agua verde". Junto a la ciudad se encuentra la laguna del mismo nombre, del color de la piedra más valorada por los mayas, el jade. Algunos expertos en el mundo maya piensan que la cercanía a esta laguna fue el motivo por el que la ciudad estuvo habitada hasta finales del siglo XVII: mientras que otros ciudadanos del Petén se veían obligados a dejar sus hogares por la sequía, Yaxhá florecía y sus edificaciones se multiplicaban.

Yaxhá

Yaxhá es la ciudad maya que más costó abandonar a sus habitantes; así, mientras que la mayoría de las ciudades del Petén guatemalteco fueron quedándose desiertas a lo largo de los siglos X y XI, Yaxhá permaneció ocupada hasta el año 1697. Como otras ciudades de la zona, se empezó a explorar a partir de principios del siglo XX.

Los itzaes

Los itzaes, que ocuparon y relanzaron Ceibal, fueron un grupo putún maya que había adoptado rasgos mexicanos, de ahí que muchos de los elementos arquitectónicos y escultóricos de la ciudad de La Pasión muestren rasgos diferenciados. En las esculturas incluso se puede apreciar que el físico de los reyes de Ceibal no era el mismo que el de los reyes de otras ciudades del Petén.

Construcciones mayas

En esta localidad se han encontrado más de 500 estructuras mayas, aunque sólo se han restaurado parcialmente cuatro templos. Destaca el templo 216, desde el que se tienen unas vistas muy hermosas sobre el lago y sus alrededores. Al sur de la ciudad está una de las construcciones más extensas del mundo maya: una acrópolis doble, rodeada de patios, plazas y edificios monumentales. En una de ellas, la conocida como plaza A, hay unas pirámides gemelas. En la plaza B hay una original construcción que consiste en un promontorio que soporta los restos de seis pilares.

En la laguna Yaxhá se encuentra la isla de Topoxté, a la que se puede acceder en barco o a pie durante la estación seca. En ella hay edificios mayas muy similares a los de Yucatán, en estilo posclásico, como se puede admirar en el templo C, caracterizado por sus columnas aisladas. Éste es uno de los tres edificios que se alinean sobre un mismo eje. Frente a este trío hay altares y estelas, algunas de ellas decoradas con motivos circulares.

Ceibal

A una hora al sur de Flores se encuentran los sitios arqueológicos de Ceibal, a orillas del río La Pasión. Protegido por grandes extensiones de selva, fue un

lugar poco importante en el periodo clásico, y conoció su máximo apogeo a partir del año 830, cuando llegaron pueblos que remontaban el río Usumacinta, uno de los más caudalosos del Petén.

Templo circular

Las características arquitectónicas que hacen de Ceibal un lugar diferente a todos los demás pueblos de su entorno son perfectamente apreciables en uno de sus templos. La ciudad posee un templo circular, de origen tolteca, que fue usado como observatorio astronómico. Una vez más se demuestra la relación que los pueblos del Petén tuvieron con sus vecinos mexicanos.

Altar

Junto al observatorio circular hay un altar formado por pedestales que representan a unos monos que sostienen una cabeza de jaguar, animal en el que, según los mayas, se encarnaba el rey Sol al llegar la noche. En este conjunto, denominado grupo A, se inserta asimismo un juego de pelota y la estructura A-3, una plataforma con cuatro estelas de las que nacen cuatro escaleras.

Estela de Yaxhá

En Ceibal está, asimismo, la estela más bella y mejor conservada de todo el periodo posclásico. En ella se advierten también elementos toltecas, como los glifos cuadrados y los ornamentos de hueso que las figuras principales llevan en la nariz. En algunos de los edificios más tardíos de la localidad existen revestimientos en losas delgadas similares a los de la región del Puuc.

La astronomía maya

Nada en Ceibal llama tanto la atención como el templo VII-B del grupo E. Es una pirámide escalonada que tiene escaleras en sus cuatro costados, con mascarones de criaturas cósmicas al lado. Frente al templo, hacia el este, se construyó una plataforma rectangular con tres templetes. Desde la pirámide se podía ver la salida del sol detrás del templo central de la plataforma el día de los equinoccios de primavera y otoño, en tanto que salía detrás del de la izquierda en el solsticio de verano y detrás del de la derecha en el de invierno. Así era como los mayas de Uaxactún sabían exactamente cuándo empezaba cada una de las estaciones, muestra del gran dominio que adquirieron sobre el calendario y de la exactitud de sus cálculos. Las cuatro posiciones astronómicas se festejaban mediante ritos en la pirámide.

La zona meridional: Chiapas

Los sitios que ocupó el mundo maya al sur del continente son los que conservan menos restos de esta época. Chiapas, que formó parte de Guatemala hasta 1821, contiene algunos restos mayas, pero destaca sobre todo por sus ciudades coloniales.

Yaxchilán

En 1994 se produjo en Chiapas una insurrección campesina. Con el nombre de Ejército Zapatista de Liberación Nacional, estos indígenas se dejaron dirigir por el subcomandante Marcos y reclamaron justicia social, lo que provocó en el país distintas corrientes de opinión sobre si se debían usar las armas para conseguir los derechos democráticos.

Escondida en la selva de Chiapas, al lado mexicano de la frontera del país con Guatemala, Yaxchilán se encuentra oculta entre los árboles y protegida en tres de sus lados por la curva que hace el río Usumacinta en esta zona de la selva. Alcanzó su máximo esplendor con los reyes Jaguar Escudo II y su hijo Jaguar Pájaro III, que gobernaron entre los años 681 y 760. Sin embargo, este apogeo no duraría mucho, ya que la ciudad fue definitivamente abandonada sólo unos años después de la muerte del segundo de esos soberanos. Así permanecería, oculta entre la selva, hasta unos 1.000 años más tarde, cuando se descubrió y se empezaron a explorar sus restos.

¿SABÍAS QUE...?

Los indígenas de los altos de Chiapas son los más tradicionales de todo México, habitantes de ciudades dispersas por un paisaje geográfico que se diferencia mucho de unas regiones a otras.

¿SABÍAS QUE...?

Chiapas se convirtió en los años 70 en un refugio para miles de guatemaltecos que huían de su país por motivos políticos.

Las construcciones de Yaxchilán se encuentran aún dispersas entre los árboles, lo que proporciona una magia extra. El río que bordea la ciudad le sirvió de escudo defensivo, pero, incluso con esta seguridad añadida, los edificios más importantes se levantaron en el norte, sobre las montañas.

Estilo arquitectónico

Los techos grandes e inclinados de los edificios a los que iban a dar las almas de los antepasados mayas son una de las características arquitectónicas de esta ciudad.

¿SABÍAS QUE...?

Como muchas de las ciudades de la región central, con la que limita, Yaxchilán floreció en el periodo clásico de la historia maya.

Una aureola de solemnidad envuelve a la ciudad del bosque, como se conoce a Yaxchilán. Este centro ceremonial, que tuvo gran importancia entre las localidades de la región del Usumacinta, está considerado como un lugar sagrado por los actuales descendientes de los mayas. Durante muchos años se restringió la entrada y se previno de que, si se saltaba esta prohibición, el templo lanzaría una maldición sobre el visitante.

Algunas de las construcciones de Yaxchilán se utilizaron como observatorios astronómicos. Así, desde uno de ellos, en la mañana del solsticio de verano se podía apreciar cómo el sol se elevaba desde una hendidura situada entre dos altas montañas. Para los mayas, representaba la ascensión del sol-jaguar desde el mundo subterráneo, ya que creían que el astro se transformaba por la noche en este animal y paseaba por el espacio que ocupan las divinidades mayas.

Los edificios situados en las laderas de las montañas que cierran la ciudad estaban reunidos alrededor de dos acrópolis, a las que se accedía por grandes escaleras. Se componían de construcciones rectangulares y alargadas, normalmente con una o dos filas de habitaciones y tres puertas en sus fachadas. No estaban situados sobre basamentos muy elevados, aunque remataban las edificaciones grandes crestas caladas.

Las estructuras 10 y 13, por ejemplo, definen el área de la plaza central, situada en un lugar elevado cerca del río. Fueron construidas a principios del siglo VIII.

Uno de los edificios de las colinas de Yaxchilán, la estructura 33, fue construido por el rey Jaguar Pájaro y originariamente tuvo una escalera de grabados que mostraban escenas del juego de pelota, tradición muy extendida entre los mayas y que consistía en que dos equipos hiciesen pasar por sendos aros sus pesados balones. En muchas ocasiones, los perdedores eran sacrificados.

Las esculturas

En las plazas, entre los edificios, se situaban estelas, llamadas por los mayas "árboles de piedra", que no sólo reproducían la historia de la ciudad,

Las inscripciones y esculturas son el principal legado de los habitantes de Yaxchilán. Aunque el paso del tiempo no ha sido muy generoso con la arquitectura de la región, sus grabados y esculpidos se conservan en excelentes condiciones.

Bonampak estuvo habitada entre el año 400 a.C. y el 700 de nuestra era. En el año 1946 fue descubierta por la compañía nacional frutera, que se adentró en la zona buscando un terreno sobre el que construir una carretera. Las excavaciones empezaron al poco tiempo, y la plaza central y los edificios, prácticamente destruidos, fueron rehabilitados.

como suele ser habitual en estos monolitos, sino que también imitaban las formas del bosque que rodeaba Yaxchilán, por lo que la ciudad se convertía en un bosque dentro del bosque. El estilo de Yaxchilán es muy famoso porque los artistas se pudieron expresar en sus tallas con total libertad.

La parte superior de los edificios estaba compuesta de mosaicos de piedra, a los que se añadían en ocasiones esculturas y motivos de estuco. Es el caso de la estructura 33, cuyo friso presenta estatuas sentadas sobre mascarones del monstruo terrestre, mientras que la cresta del edificio estuvo ocupada por un gran bulto redondo del rey.

Las representaciones de los frisos y estelas de Yaxchilán muestran la gran importancia que tenía para el pueblo el rey y su familia. Asimismo, aparecen numerosas escenas de sacrificio y autoinmolación. Se representan, además, objetos que no se reconocen en otros lugares mayas: el cetro mitad hombre y mitad serpiente, otros que muestran aves rematadas por árboles, antorchas y largas varas con cruces y patas de jaguar.

Una de las representaciones más impresionantes y mejor conservadas de Yaxchilán muestra una escena en la que la mujer del rey, bajo la observación de Jaguar Escudo, se pasa una cuerda con espinas de raya por la lengua. En la escena siguiente, en el mismo grupo escultórico, se ve cómo la mujer vierte su sangre en un cuenco, que posteriormente quema. La esposa del rey ve en el humo que asciende de él una serpiente con dos cabezas. De sus fauces abiertas sale el esqueleto del dios de la Guerra. Con este acto, se pretendía que la mujer entrase en un trance que rompía las fronteras del mundo real y sobrenatural, como demostraba la aparición de la vision serpent, para así poder pedir a las divinidades consejos o ayuda. El autor firmó la primera representación con glifos en la parte inferior izquierda.

Bonampak

A 32 km al suroeste de Yaxchilán se encuentra Bonampak, un sitio ceremonial que tuvo una importancia menor durante el periodo clásico maya. Sin embargo, lo realmente importante del lugar son sus frescos. Mientras que en la mayoría de las ciudades mayas se han deteriorado las pinturas que adornaron el interior de todas sus edificaciones debido a la erosión del clima tropical de la zona, Bonampak ha conservado prácticamente intactos los frescos de sus edificios.

El edificio de las Pinturas y las estelas de Bonampak, que son muestra de una buena escultura, fueron edificados por Chaan Muan, rey que está presente en muchas de estas obras y que intentó ganarse el favor divino de los dioses con sus representaciones artísticas.

Acrópolis

El centro de Bonampak está formado por una acrópolis que se extiende en una colina, sobre la que existen diversas terrazas con templetes. La plaza principal está rodeada de edificios en tres de sus lados.

Edificio de las Pinturas

El edificio de las pinturas está en la primera terraza de la acrópolis, y consta de tres habitaciones incomunicadas en las que se ilustran tres momentos de un mismo acontecimiento: los preparativos para una guerra, la batalla y las consecuencias de la lucha.

En la primera de las salas se ve a los hombres del rey de pie, alrededor del trono real. El soberano está siendo vestido para ejecutar una danza al aire libre. A la izquierda de los bailarines hay una procesión de músicos y personajes enmascarados, y a la derecha un grupo de dignatarios acude a la celebración.

En la segunda sala, un grupo de guerreros armados y ataviados con ricas vestimentas vence a unos adversarios desarmados y prácticamente desnudos. También se asiste al juicio sobre los prisioneros y a su suplicio.

La tercera habitación recoge una danza acompañada de música que se desarrolla sobre la cima de una pirámide. Los bailarines danzan al son de las trompetas, los tambores, caparazones de tortuga y sonajeros mientras son abanicados por un grupo de criados. Todos ellos van disfrazados: uno representa a un cangrejo y alza sus pinzas. Otro es un cocodrilo en posición sedente, mientras que los otros llevan máscaras de criaturas fantásticas parecidas a reptiles. Los bailarines representan a los espíritus de las aguas y de la vegetación.

San Cristóbal de las Casas

San Cristóbal de las Casas es una de las ciudades coloniales más bellas de México. Fundada en 1528 por el español Diego de Mazariegos con el nombre de Ciudad Real, está situada en el corazón de los altos de Chiapas, en una depresión a 2.120 metros sobre el nivel del mar y rodeada de macizos montañosos. Su situación aislada del resto de las localidades ha preservado una población de mayoría indígena en la que siguen muy arraigadas las antiguas costumbres.

San Cristóbal de las Casas cortó sus lazos con España en 1821, fecha en la que se independizó del país y se cuestionó si se anexionaba a México o no, unión que finalmente se consumó en 1824. Fue la capital de Chiapas hasta 1890, cuando el gobierno del estado se trasladó a Tuxtla Gutiérrez.

En el edificio de las Pinturas las escenas de fiesta se completan con las de dolor, no sólo las de la batalla, sino que también hay muestras de autosacrificios: el rey y sus hijos pasan por su lengua una cuerda con espinas para verter su sangre en señal de agradecimiento a los dioses por el resultado de la batalla. Además, aparece también el sacrificio no voluntario de los perdedores, que son torturados y decapitados, como se aprecia en la tercera sala, en el juicio a los prisioneros.

¿SABÍAS QUE...?

El poblado de San Cristóbal de las Casas siempre luchó por su autonomía, sin dudar en alzar las armas, por lo que el ejército Zapatista de Liberación Nacional no dudó en elegir esta localidad en 1994 como sede desde la que lanzar sus reivindicaciones a favor del pueblo agrícola, ocupando algunos de sus edificios más emblemáticos.

Zócalo y catedral

Es la plaza central de San Cristóbal. Alrededor de ella discurre toda la vida de la ciudad, y está rodeada por algunos de los edificios más importantes de la localidad. La catedral es la reina de todos ellos, y ha experimentado numerosas modificaciones. En el siglo XVI el edificio era una gran capilla que tenía su entrada en la plaza central. De aquella construcción primitiva subsisten dos enormes gárgolas que adornan la fachada y el campanario cuadrado, de origen mudéjar, truncado por sucesivos terremotos.

La catedral como tal se construyó en el siglo XVII, y su nombre originario fue Catedral de Nuestra Señora de la Asunción. La fachada se terminó en 1696, y, fruto de la restauración de 1993, se pueden admirar sus bellos colores originales, entre los que domina el ocre amarillento y el ocre rojizo, que también son los colores principales de los demás edificios de la ciudad. La portada está compuesta por dos cuerpos arquitectónicos, con arcos de medio punto sostenidos por columnas toscanas. Asimismo, se abren en ella hornacinas que contienen esculturas.

Iglesias

Iglesia de Santo Domingo

La iglesia de Santo Domingo está al norte de la ciudad. Empezó a construirse a finales del siglo XVII, aunque hasta 1735 no se terminaría el interior. Tanto la iglesia como el anterior convento contiguo son de estilo barroco. Sus fachadas son de cantera rosa, y en la de la iglesia destaca la estatua de un águila bicéfala, símbolo de la casa de Habsburgo.

El convento contiguo fue levantado en 1546 por los monjes fundadores de la ciudad. El edificio ya fue remodelado antes de 1712, y en su interior, en la actualidad, destaca su claustro y su museo de Historia Regional.

En el convento contiguo a la iglesia de Santo Domingo hicieron una casa del indio, donde acogerían a los indígenas y los alentarían para que luchasen por sus derechos. El prior más conocido de esta congregación, fray Matías de Córdoba, sería quien empujaría definitivamente a los indígenas hacia su independencia en 1821.

Iglesia de San Nicolás

La iglesia de San Nicolás está cercana a la catedral. Es del siglo XVII y destacan en ella sus bellas pinturas. Su fachada es la típica de las iglesias mudéjares.

Iglesia de la Caridad

La iglesia de la Caridad está en el sur de la ciudad. Construida en 1714, conmemora la rebelión indígena de 1712, en la que la patrona de los indios los dirigió contra los españoles. Su fachada es una expresión sobria pero dinámica, muestra de lo que fue el barroco colonial.

Iglesia del Carmen

La iglesia del Carmen es una de las más famosas de la ciudad. Esta construcción del siglo XVI fue arrasada por las llamas en 1993, que acabaron con sus retablos y pinturas. Conserva ahora su doble fachada en escuadra, del siglo XVIII, que cierra el eje que cruza la ciudad desde Santo Domingo hasta El Carmen. El edificio sigue siendo, aun así, un ejemplo del barroco con exteriores policromados.

Casas coloniales

Casa Mazariegos

La casa Mazariegos, del siglo XVI, es contemporánea a la casa Montejo de Mérida, y se levantó para ser la residencia del conquistador. Está hecha a base de argamasa y piedra, y luce el escudo nobiliario de la familia en el dintel de la puerta. Está al este del zócalo y hoy día acoge un hotel en sus instalaciones.

Casa de las Sirenas

La casa de las Sirenas, de la misma fecha, es de estilo plateresco, y sus puertas y ventanas están adornadas con escudos.

Su nombre procede de los motivos de sirenas, así como vegetales y zoo-morfos, que adornan su fachada.

Casa Na Bolom

La casa Na Bolom es una mansión de finales del siglo XIX. En su interior hay un jardín ecológico, una biblioteca, un museo y una capilla neoclásica. A ella se puede acudir a aprender la arqueología, la historia y la etnología de la región.

Tuxtla Gutiérrez

Esta ciudad no destaca por sus monumentos, sino por el entorno que la rodea. Además, su aeropuerto hace de ella el lugar mejor comunicado de Chiapas y la principal vía de acceso al estado. No obstante, cabe destacar en la ciudad su museo regional, que narra la historia precolombina de la región. Asimismo, su zoológico es un observatorio de la fauna de Chiapas con una reproducción a escala de la vegetación más característica de la zona.

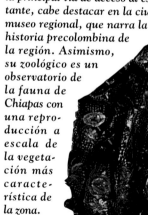

Tuxtla Gutiérrez es la única ciudad del estado con urbanización moderna, pues hay parques y edificios del siglo XX cuyos arquitectos son exponentes de la construcción mexicana moderna.

El Cañón del Sumidero

El Cañón del Sumidero está a 18 km de la capital de Chiapas. Atravesado por el segundo río más caudaloso de México, el Grijalva, el Cañón cuenta con acantilados de más de 1.500 metros de altura.

Desde esos muros de piedra desciende una vegetación que termina en el río. Esta maravilla natural se puede conocer en un paseo de dos horas por el río o bien desde alguno de los cinco miradores que posee el lugar.

La zona meridional: Guatemala

La zona meridional oriental que ocupó el mundo maya se extiende por Guatemala y llega hasta Honduras y El Salvador. Existen en la zona sur de Guatemala otros atractivos adicionales a los restos arqueológicos. Así, hay pocas personas que visiten Guatemala sin pasar por el lago Atitlán. Antigua Guatemala, que fue capital del país durante muchos años, es la joya colonial de la república.

El lago Atitlán

Aunque normalmente las aguas del Atitlán, a las que se les calcula una profundidad de entre 300 y 600 metros, están en calma, algunos días un viento fuerte llamado xocomil convierte el plácido lago en un conjunto de amenazadoras olas.

Considerado el lago más bello del mundo, las aguas de Atitlán se extienden por una superficie de 130 km² y están delimitadas por tres volcanes: el Atitlán, el Tolimán y el San Pedro. En el lago, que se encuentra a más de 1.500 metros sobre el nivel del mar, pescan los nativos de la zona en troncos que ellos mismos vacían, y hay transbordadores que llevan pasajeros a las poblaciones que rodean el mismo.

En los pueblos de alrededor se han organizado muchas actividades para los visitantes: exploración de aldeas mayas, paseos a caballo, observación de aves o visita a una reserva natural y un mariposario.

Asimismo, la artesanía del lugar es muy rica; se elaboran muchas prendas de vestir de llamativos colores que son tejidas a mano y que, en muchas ocasiones, llevan puestas los propios habitantes de la zona.

¿SABÍAS QUE...?

El lago Atitlán se formó al desprenderse la parte superior de un volcán mucho mayor y llenarse su cráter de agua, hace más de 80.000 años.

Panajachel

Es el pueblo más grande a orillas del lago. Es un lugar tranquilo, con instalaciones para atender las necesidades de todos sus visitantes. Desde él salen barcos que llevan pasajeros al otro lado del lago y hacen un recorrido por éste. Algunas de las zonas más interesantes de sus alrededores son la reserva natural y el mariposario de Sanbuenaventura, el museo Lacustre, que muestra piezas de cerámica encontradas en el fondo del lago, y la galería de arte, con cuadros de artistas locales.

Santa Catarina Palopó y San Antonio Palopó

Al este de Panajachel se encuentran estos poblados maya-cakchiqueles. Se puede llegar a ellos caminando alrededor del lago. En Santa Catarina, las mujeres visten un huipil, prenda típica guatemalteca, de color azul, que es el característico de la zona. Los hombres de San Antonio cultivan cebolla y anís en las laderas que están frente al lago.

Santiago Atitlán

Esta ciudad está a 30 minutos en barco desde Panajachel, al pie del volcán Tolimán. Sobre la cúspide de este último se encuentra el pavo de cacho, que es muy difícil de ver, y las especies autóctonas llamadas tangaras lomiazufradas y reinitas cabecicastañas. Los habitantes de la zona bordan en sus huipiles estos pájaros típicos del lugar. Los paseos a caballo que se organizan cerca de Santiago ofrecen una aproximación extra al entorno del lugar.

Merece la pena ver la iglesia de la localidad, que lleva su mismo nombre, en la que unos paneles de madera cuentan la tradición religiosa del pueblo.

¡SABÍAS QUE...?
En el centro de Panajachel, en el que se encuentran el mercado y la iglesia, se puede observar la fisonomía de las ciudades cakchiquel, etnia que impera en esta zona de Guatemala.

En la iglesia de Santiago Atitlán se puede observar a Maximón, divinidad local cuya aparición se remonta al siglo XVIII. Era ésta una figura que se aparecía a los fieles en Semana Santa, eclipsando a Cristo, lo que ha restado muchos fieles a la iglesia católica en la zona.

San Pedro la Laguna

En esta localidad, como en San Juan la Laguna y Santiago, existen artistas primitivistas locales. Suelen retratar la vida diaria de los pueblos, pero también tienen lienzos con vistas del lago y bodegones con flores y objetos típicamente guatemaltecos.

Chichicastenango

Esta localidad maya-quiché está situada a unos 30 minutos al norte del lago Atitlán. Es famosa, sobre todo, por el mercado que se celebra en su plaza central los jueves y los domingos. Esos días la plaza se llena de los colores de los productos textiles y artesanías de todos los lugares del país. Acuden entonces a la población miles de visitantes y vendedores ambulantes. Los comerciantes itinerantes se instalan en la plaza el día anterior, y esa noche sus familias se arrebujan entre sus coloridas mantas y descansan sobre ellas antes de vender sus productos.

Contrariamente a lo esperado del gentío que invade la ciudad de Chichicastenango los días en los que se celebra el mercado, las negociaciones y ventas se hacen en voz baja, por lo que sólo un leve rumor continuo recorre la plaza central.

Catedral de Santo Tomás

La catedral de Santo Tomás, edificada en el año 1540, es la sede en la que los descendientes de los mayas elevan sus plegarias al cielo alrededor de candelas prendidas sobre un suelo de pino y flores. En las gradas de la iglesia se quema el copal, un incienso típico de Guatemala que se hace con la resina de un árbol autóctono.

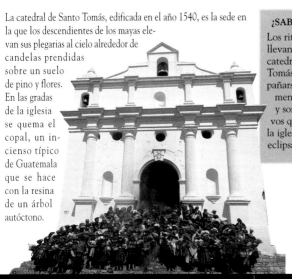

¿SABÍAS QUE...?

Los rituales que se llevan a cabo en la catedral de Santo Tomás suelen acompañarse de instrumentos musicales y son tan llamativos que el resto de la iglesia queda eclipsada por ellos.

Antes de la llegada de los españoles, Iximché, que hoy es un lugar tranquilo, rodeado por barrancos y bosques de pino, fue una ciudad maya en la que vivían unas 10.000 personas y que controló gran parte del territorio guatemalteco. Construida en 1470, se constituyó como un recinto fortificado para defenderse de los pueblos vecinos, con los que luchaban constantemente sus habitantes.

Iximché

Iximché desempeñó un papel clave en las tierras altas de Guatemala en la llegada de los españoles a principios del siglo XVI. Cuando los mayas de la región vieron llegar a los forasteros "de caras extrañas", como recoge el libro sobre la historia de la región Los anales de los cakchiqueles, muchos de ellos se atemorizaron y los consideraron dioses. Por eso, se aliaron a ellos y los ayudaron a vencer a las poderosas naciones del altiplano.

El conquistador Pedro de Alvarado pensó que con las victorias conseguidas ya dominaban todos los pueblos de alrededor, y por ello fundó en 1524 en Iximché la ciudad de Santiago de los Caballeros para construir en ella la capital del reino. Se impusieron entonces elevados impuestos a los indígenas y éstos, molestos ante la actitud de sus antiguos aliados, prendieron fuego a la ciudad e iniciaron una guerra de guerrillas que duró cinco años y por la cual los españoles tuvieron que ir desplazando la capitalidad del reino sucesivamente.

¿SABÍAS QUE...?

Actualmente Iximché es un lugar sagrado para los mayas, que aún celebran allí rituales en los que prenden fuegos con copal y desarrollan los actos religiosos en los templos que construyeron sus antepasados.

Restos mayas

La ciudad es un ejemplo típico de centro ceremonial posclásico. Los restos mayas que se conservan están cubiertos de césped y se agrupan alrededor de cuatro grandes plazas ceremoniales, y sus instalaciones incluyen pequeños templos y juegos de pelota. Iximché está situada en un promontorio entre dos barrancos, y se distinguen en él una zona aristocrática y ceremonial, al este, separada de los espacios que ocupaba el pueblo llano.

Aunque las estructuras arquitectónicas no han resistido mucho debido a que las columnas y las paredes estaban hechas de adobe, sobre los restos aún se conservan algunos fragmentos de los murales que cubrían los edificios. Se trataba de pinturas policromadas en las que estaba presente en muchas ocasiones el sacrificio humano. También en otros sitios de la ciudad se hace evidente esta práctica; así, existe una piedra de sacrificio en la que se arrancaba el corazón a las víctimas para ofrecerlo a los poderes sobrenaturales y un altar de cráneos, en el que se depositaba el más preciado tesoro del enemigo para el triunfador.

Antigua Guatemala

Antigua se encuentra a 1.530 metros de altitud, y está rodeada de colinas y de los volcanes Agua, Acatenango y Fuego, cada uno de ellos con una altura que ronda los 4.000 metros.

Su historia está irremediablemente unida a los fenómenos naturales; así como ganó la capitalidad porque otra población había sido asolada por las aguas, la perdió por las consecuencias que le traían diversos terremotos, que obligaban a reconstruir continuamente la ciudad. Finalmente, la capital se trasladó al vecino Valle de la Ermita en 1773. Desde entonces y hasta 200 años después, Antigua se sumió en un letargo que la ha mantenido apartada de los movimientos actuales y que le ha hecho conservar su encanto. Muchas mansiones, iglesias y monasterios quedaron sin reparar, y no se reconstruirían hasta finales del siglo XIX. Antigua Guatemala hoy ha sido declarada Patrimonio Cultural de la Humanidad.

La ciudad de Antigua Guatemala, llamada Santiago de los Caballeros originariamente, era un centro administrativo y judicial del imperio español, en el que había un capitán general con los mismos poderes que un virrey, pero suavizados por la existencia de una audiencia real, en este caso llamada de los Confines.

¿SABÍAS QUE...?

Antigua se fundó en 1543 para ser la capital de Guatemala, después de que la primera capital de la zona quedase destruida por unas inundaciones.

Arquitectura

La historia de la arquitectura de Antigua se ha creado en función de los terremotos que la han sacudido. Así, se distinguen cinco grandes fases. En la primera se produjeron temblores de tierra y la erupción del volcán Fuego. Los edificios son de adobe y los tejados están cubiertos de paja y teja. La segunda fase empezó tras el seísmo de 1651. Se construyeron entonces muchos conventos e iglesias, entre los que destaca la catedral. En el tercer periodo, que va de 1680 a 1717, se hicieron nuevas iglesias y conventos, así como el palacio arzobispal. El cuarto periodo, que se extendió hasta 1751, fue testigo de una intensa actividad constructora; de esta fecha data el Ayuntamiento. La última fase, que duró 20 años, constituyó el momento de apogeo del barroco colonial.

Plaza central

La plaza central es el punto a partir del cual los arquitectos fueron distribuyendo sus edificaciones. En ella se encuentran algunos de los edificios

más representativos de la ciudad. Sus jardines han sido remodelados recientemente, sin embargo, se ha conservado en su centro la Fuente de las Sirenas, de 1739.

Ayuntamiento

El Ayuntamiento fue inaugurado oficialmente en 1743. Su fachada es de piedra de sillería distribuida en una doble arcada, en la que impera la sobriedad. En sus bajos está el museo de Santiago. En sus salas, distribuidas alrededor de una fuente, se exhiben cuadros y armas de la época española.

Catedral

La catedral se empezó a construir en 1563, pero los continuos terremotos hicieron que las obras se prolongasen hasta bien entrado el siglo XVII. Sin embargo, el seísmo de 1773 sólo dejó en pie la fachada, en la que se pueden observar numerosas hornacinas con santos. Hoy día se puede acceder a las obras que se realizan en su parte posterior, desde donde se pueden observar las altas bóvedas que se están restaurando y lo que fue el palacio arzobispal. De él sólo subsisten parte del claustro y algunas columnas. Una sala restaurada de su fachada es hoy la casa de Cultura.

Palacio de los Capitanes Generales

El palacio de los Capitanes Generales fue construido inicialmente en 1549, y reconstruido en 1735. En él estaban la residencia y oficinas del capitán general, así como la sede de la audiencia Real, la casa de la Moneda, la autoridad militar, acuartelamiento, capilla real y calabozos. Fue restaurado a mediados del XIX, y hoy día en sus instalaciones se encuentra la oficina de turismo, la policía y la prefectura del departamento del que Antigua es capital.

¿SABÍAS QUE...?

El vaivén de construcciones que sufrió Antigua Guatemala hace que no se pueda adjudicar claramente una fecha de construcción a todos los edificios. No obstante, la mayoría de las construcciones coloniales actuales se levantaron entre los años que separan los dos grandes terremotos de 1717 y 1773.

¿SABÍAS QUE...?

Existen muchos talleres en Antigua en los que los artesanos tallan madera, hacen piezas de cerámica y metal, y tejen los productos textiles típicos de Guatemala.

Arco de la quinta avenida

Uno de los lugares más famosos de Antigua Guatemala es el arco de la quinta avenida. Su estructura enmarca perfectamente la silueta del lejano volcán del Agua.

¿SABÍAS QUE...?

Las órdenes religiosas de los franciscanos, dominicos, mercedarios, jesuitas, carmelitas, dominicas, clarisas y capuchinas habían instalado en Antigua Guatemala 38 monasterios y conventos, 15 capillas y oratorios y diversas ermitas en 1773.

Religión

La religión ocupa un papel determinante en la vida política, económica, social y cultural de Antigua. La pasión de Antigua por la religión se materializa en su Semana Santa, cuando se ponen en marcha diversas procesiones. Las enormes mesas sobre las que se asientan las imágenes recorren, llevadas por cucuruchos, una alfombra de aserrín, flores y vegetales.

Iglesia de la Merced

La iglesia de la Merced es un edificio de diseño barroco con una fachada recargada de motivos decorativos de estuco. Se trata de una estructura rechoncha con muros muy gruesos y pequeñas ventanas situadas a gran altura para resistir los fuertes seísmos. Está flanqueada por dos campanarios bajos y restaurada.

Convento de las Capuchinas

El convento de las Capuchinas fue el último construido en Antigua. Se trata de un edificio de columnas bajas y gruesas y arcos rebajados con el fin de no verse afectado por los terremotos. Su torre tiene 28 celdas destinadas a las novicias y a los retiros espirituales.

Convento de los Franciscanos

Los franciscanos levantaron su convento en 1543, pero tuvo que ser reconstruido en diversas ocasiones. Su iglesia tiene, entre dos macizos campanarios, una fachada decorada como un retablo, con columnas estucadas. Los altares de la entrada lateral representan pasajes del Antiguo Testamento. Los retablos y los angelotes del techo son un claro exponente del barroco local.

Otros edificios religiosos

Existen muchos otros conventos en la ciudad que merece la pena ver, como el de la Recolección, el de los Jesuitas, San Agustín y Santa Clara, así como la iglesia del Carmen y San José el Viejo, todos ellos reconstruidos en varias ocasiones.

> **¿SABÍAS QUE...?**
>
> El esplendor del convento de las capuchinas se vio interrumpido por el terremoto de 1773, por eso sólo fue ocupado por 28 monjas.

Otros sitios interesantes

Museo Colonial

Destaca el museo Colonial, en la antigua universidad de San Carlos, que tiene muestras del arte religioso y una serie de cuadros sobre la vida de San Francisco.

Casa Santo Domingo

El museo del hotel Casa Santo Domingo tiene una pequeña colección dedicada a la arqueología maya y una cerería, así como piezas religiosas de la época colonial.

Quiriguá

Situada al este del país, ya casi en la frontera con Honduras, se encuentra Quiriguá, centro religioso maya declarado Patrimonio de la Humanidad por su belleza y por la importancia de sus altares y estelas.

Ruinas mayas

Durante mucho tiempo la ciudad de Quiriguá estuvo bajo el influjo de su vecina Copán (Honduras), por lo que sus manifestaciones artísticas se vinculan con ese otro asentamiento de mayor importancia.

Las ruinas de Quiriguá no están aún rehabilitadas ni completamente exploradas, pero sus estelas y altares cuentan historias fascinantes. La ciudad gozaba de una posición estratégica, y probablemente controló el

comercio de obsidiana y jade de las minas próximas a la región. Los habitantes de Quiriguá transportaban hasta la ciudad grandes bloques de piedra arenisca, conseguidos en las canteras de las montañas del sur, para tallar en ellos sus estelas y altares, aunque se desconoce cómo trasladaban hasta la localidad esta materia prima.

Arquitectura

La planta de la ciudad, que recuerda a la de Copán, se compone de una acrópolis al sur y una gran plaza al norte, en la que se han encontrado numerosos monumentos. En el lugar hay nueve estelas, fechadas entre los años 692 y 810; la más alta de ellas mide diez metros y es la estela más grande del mundo maya. Están colocadas alrededor de la plaza central, acompañadas de altares con figuras zoomorfas. Merece la pena destacar la perfecta caligrafía de las estelas y la gran elegancia del tallado en los glifos.

En el año 653, como cuentan las estelas, un rey de Copán erigió el altar L en Quiriguá para controlar los destinos de la ciudad. En 725 su hijo, conocido como Conejo 18, nombró a Cauac-Cielo gobernador de Quiriguá, pero su hombre fiel se le rebelaría 13 años después; venció a Conejo 18 y lo sacrificó en Quiriguá, liberándose así de su dominio y empezando una etapa de máximo esplendor.

La zona meridional: Honduras

Ubicada al noroeste de Honduras, la antigua ciudad maya de Copán es uno de los centros arqueológicos más impresionantes de toda América. La ciudad maya más artística está cubierta por la selva tropical. Entre sus muros cubiertos de musgo descubrirá perfectas estelas y estructuras como la increíble Escalera de los Jeroglíficos, el juego de pelota o el templo de las Inscripciones.

Copán (Honduras)

¿SABÍAS QUE...?

Los mayas, dada la concepción plana y rectangular que tenían del universo, pensaban que la ciudad de Copán se encontraba en los confines de la tierra.

Altar Q

Durante mucho tiempo, los expertos en los mayas pensaron que el lugar tenía una importancia cósmica especial. El altar Q fue erigido por el rey Yax Pac, el decimosexto de la dinastía que gobernó Copán en el periodo clásico. Los investigadores creían que los 16 individuos que aparecían tallados en el altar representaban a cada uno de los astrónomos procedentes de todo el mundo maya reunidos en Copán para establecer el calendario. Sin embargo, más tarde se demostró que ese altar mostraba al rey Yax Pax con sus quince predecesores.

Plaza Mayor

Las estelas gigantes de la Gran Plaza están situadas en una posición estratégica, relacionada con los movimientos de los planetas y las constelaciones. En ellas se puede ver al rey Conejo 18 con distintos disfraces

El rey más importante de la ciudad de Copán fue, sin duda, Conejo 18. Durante su reinado se construyeron muchos edificios en los que se demuestra su gran interés por la astronomía. En ellos hay figuras que representan movimientos celestiales.

relacionados con la creación de los mayas, sus figuras mitológicas e incluso el Árbol del Mundo. Las estelas mostraban al rey en una de sus caras y el resto se reservaba para inscripciones jeroglíficas. Los monolitos más antiguos están tallados en bajorrelieve. Sus formas se redondearon a partir del año 700.

Templo 22

La entrada al interior del templo 22 se efectúa a través de una puerta flanqueada por una serpiente de dos cabezas que representa a la Vía Láctea, eje simbólico del cosmos maya. En la decoración del edificio hay numerosos motivos astronómicos, y se cree que las volutas representan el cielo.

Juego de pelota

La pista de juego de pelota es del año 738. Está entre la acrópolis y la Gran Plaza. Cerrado al norte por unas gradas y una estela y abierto al sur, el recinto tiene un terreno alargado dividido por tres marcadores. Dichos marcadores tienen forma de guacamayos, lo que encierra un significado mitológico, en alusión al rey Guacamayo 7, que creía ser el sol y tuvo por ello un destino trágico.

Templo de la Escalera

El templo de la Escalera con Jeroglíficos fue construido en el año 749. Recibe su nombre de los más de 2.000 glifos que ilustran sus escalones y cuentan la historia de la ciudad y de sus gobernantes.

> **¿SABÍAS QUE...?**
>
> Para los mayas de Copán el juego de pelota simbolizó una entrada al mundo subterráneo, ya que las inscripciones de la pista representan al rey jugando contra un dios.

Guía práctica

Antes de viajar

Cuándo ir

La situación geográfica de estos países hace que, por su clima, se pueda viajar casi en cualquier época del año, aunque es mejor ir en invierno, de diciembre a abril, por ser la temporada seca de la zona. También se recomienda tener en cuenta las fiestas de las distintas localidades.

Pasaporte

Para entrar en México es necesario tener el pasaporte en vigor y haber rellenado la tarjeta turística que se da en las embajadas, consulados, oficinas de turismo y a bordo de los aviones que vuelan a México. En cuanto a Guatemala, el turista español sólo necesita el pasaporte para entrar en la nación, aunque a los viajeros de determinados países también se les exige visado. Éste sólo será requerido a los españoles si van a permanecer en el país más de tres meses.

Para viajar a Honduras se necesita el pasaporte y no es necesario el visado si se va a permanecer en el país menos de tres meses. Es también recomendable llevar un billete de regreso o de continuación de viaje.

Moneda y cambio

La moneda oficial mexicana es el peso, que se puede cambiar en bancos, casas de cambio y hoteles. Aunque generalmente el dólar es bien aceptado en estas tierras, se recomienda utilizar la moneda local, cuya equivalencia con la americana es aproximadamente de 10,5 pesos por cada dólar. Las tarjetas de crédito suelen ser aceptadas en la mayoría de los establecimientos, sobre todo Visa, Mastercard y American Express.

La moneda guatemalteca es el

quetzal, que se divide en centavos. Por cada dólar se pueden obtener aproximadamente 7,60 quetzales. Aunque es más aconsejable llevar dinero en efectivo, también en este país las tarjetas de crédito son aceptadas en la mayoría de los lugares públicos, y se pueden encontrar cajeros automáticos con relativa facilidad en las principales ciudades del país.

En Honduras el lempira es la moneda oficial, aunque también se acepta sin problemas el dólar. Su valor respecto a la moneda estadounidense es de 18,8 lempiras por dólar. Aunque es difícil cambiar otras monedas en el interior de Honduras, en la zona de Copán se puede utilizar el quetzal guatemalteco. Se aceptan en la mayor parte de los establecimientos las tarjetas de crédito American Express, Mastercard, Diners Club y Visa.

Ropa

Lo más adecuado para las zonas arqueológicas es ropa de algodón y calzado cerrado y cómodo. Por la intensidad del sol, es imprescindible llevar gafas de sol y gorro para protegerse. También se recomienda que se usen cremas protectoras. Es aconsejable llevar, además, repelente de insectos.

Vacunas

No son necesarias para viajar a ninguno de los países del mundo maya.

Direcciones útiles

Secretaría de Turismo de México en España
C/ Velázquez, 126
28006 Madrid
Tel.: 91 561 35 20

Oficina de Turismo de Guatemala en España
C/ Rafael Salgado, 9, 4º izda.
28036 Madrid

Tel.: 91 457 34 24

Embajada de Honduras en España
Paseo de la Castellana, 164, 2º dcha.
28046 Madrid
Tel.: 91 579 02 51

Internet

www.mayaruins.com
www.maya-archaeology.org
www.artemaya.com
www.mayadiscovery.com
www.mayacalendar.com
www.mayatraditions.com

Viajar al Mundo Maya

Aunque existen muchos más aeropuertos internacionales repartidos en todo México, los aeropuertos mexicanos más cercanos al Mundo Maya son los de Cancún y Mérida.

Con respecto a Guatemala, hasta allí vuelan las compañías Mexicana, American, Delta, Iberia, Copa, Taca, United y Continental. En este caso se podrá volar hasta la capital del país, Guatemala, o hasta el aeropuerto de Santa Elena, en Petén.

En cuanto a Honduras, cuenta con cuatro aeropuertos internacionales. De ellos el aeropuerto de San Pedro Sula es el más próximo a la zona maya de Copán. Se puede viajar con cualquier línea aérea que enlace vuelos en Estados Unidos con Taca o Sol Air.

Entre Madrid y Guatemala, Iberia tiene vuelos directos los martes, jueves y sábados. Salen a las 12:10 y llegan a las 16:40. El avión que opera la ruta es el Airbus A340.

Entre Madrid y México: un vuelo directo y diario todos los días de la semana a las 12:30 y además, los lunes, miércoles, viernes y domingos, un segundo vuelo a las 01:50. El avión que opera la aerolínea española es el Airbus A340.

Entre Madrid y Honduras, Iberia no tiene vuelos directos; pero sí varios acuerdos de código compartido para llegar a San Pedro Sula vía Miami con American Airlines, vía Guatemala con TACA, y vía San José de Costa Rica con Lacsa.

Viajar en el Mundo Maya

Transportes interiores

El alquiler de coches en México sigue las normas

internacionales. Si ésta es la forma de desplazamiento elegida, se recomienda reservar con antelación el

automóvil, así como no circular de noche, ya que es habitual encontrar ganado en las carreteras y algunas

de las vías secundarias no se encuentran en buen estado. El país cuenta con un eficaz servicio de autobuses, capaz de llegar a cualquier parte, con unos precios asequibles y cómodo. También se puede viajar en tren, aunque la difícil orografía del terreno ha dificultado el desarrollo de las líneas ferroviarias. Si se decide viajar en avión, en el país hay aerolíneas nacionales y regionales que efectúan vuelos regulares entre sus principales aeropuertos.

En Guatemala existe la posibilidad de desplazarse en avión desde la capital hasta Petén, en vuelo nacional de unos 40 minu-tos. Por tierra este mismo desplazamiento alcanza las siete horas de duración. El autobús –llamado camione-ta en el país– es una de las formas más prácticas para desplazarse por Guatemala, aunque en determinados momentos del día se pue-dan encontrar aglomeracio-nes. Varias empresas pres-tan servicio de autobuses con rutas completas por el país, a precios razonables y con un servicio seguro y cómodo. El alquiler de coches también suele ser habitual; se puede conducir con la licencia española si el cliente se identifica como turista. Se recomienda, en este caso, saber de antema-no dónde están ubicadas las gasolineras.

En Honduras el medio de transporte más utilizado es el autobús. Hay varias empresas dedicadas a este sector, de modo que Honduras cuenta con una extensa red de transporte que ofrece servicio a las ciu-dades más importantes y las ruinas de Copán y otras zonas de inte-rés artístico, como Antigua Guatemala. Otra opción es el alquiler de coches, aun-que conviene tener en cuenta el mal estado y la mala señalización de algu-nas carreteras. En todos los aeropuertos hay compañías que ofrecen este servicio.

Vivir en el Mundo Maya

Horarios

Las regiones mexicanas con restos mayas –rigen tres horarios distintos en todo el país– tienen un desfase de seis horas con respecto al meridiano de Greenwich. Esta diferencia se mantiene durante todo el año. Guatemala, por su parte, cuenta con este mismo des-fase respecto al horario GMT en los meses de vera-no, mientras que el resto del año la diferencia es de cinco horas. En Honduras la diferencia horaria es de 7 horas menos en invierno y 8 horas menos en verano.

Compras

En los países del mundo maya la artesanía es el mayor reclamo para los turistas. Posee un gran colo-rido y variedad que nace de la inagotable creatividad de los artesanos lugareños. En

Vivir en el Mundo Maya

México se puede elegir entre tejidos como huipiles, mantas, sarapes o rebozos, cerámicas de azulejos, platos o jarras, y joyas trabajadas en oro, plata y cobre. Asimismo, adquieren gran valor las pinturas en papel amate y los objetos de madera, como máscaras o instrumentos musicales.

Guatemala, por su parte, es famosa por sus chalecos bordados, jade, tejidos, máscaras de madera, cerámica, cinturones de cuero y sombreros de paja. Estos objetos pueden adquirirse en los mercados indígenas o en las tiendas y galerías de las ciudades

en que se fabrican. Además, también tienen gran fama el café, la miel y el ron, de gran calidad.

En Honduras las réplicas talladas de estelas y figuras mayas diversas son verdaderas obras de arte, hechas a mano, así como los trabajos en madera, la cestería, la cerámica y los tejidos de juncos. Otros productos que se pueden encontrar en la zona son los puros habanos, el ron y el café.

Idioma

El español es el idioma oficial de los países de la zona, aunque aún se conservan muchas lenguas y dialectos indígenas en

diversas. Existen más de 21 lenguas indígenas en el territorio guatemalteco. En Honduras se hablan algunos idiomas indígenas como el miskito, el sumu o el paya.

Religión

La religión mayoritaria es la católica (aproximadamente un 97% de la población).

Correos y telégrafos

Para llamadas nacionales e internacionales desde México se pueden usar los teléfonos públicos, que funcionan con monedas, tarjetas de crédito y tarjetas telefónicas. Sin embargo, no en todos los teléfonos se puede usar cualquiera de los sistemas.

Para llamadas internacionales se debe marcar el prefijo 95 si se llama a EE.UU. o Canadá, el 98 si se llama al resto del mundo y el 91 para hablar con México. Para las llamadas a cobro revertido hay que marcar el 090, si se va a pagar en el extranjero, y el 020 para hablar con México.

La compañía nacional de telecomunicaciones guatemalteca, Telgua, cuenta con oficinas en casi todas las ciudades del país, desde las que se pueden realizar llamadas nacionales o internacionales, así como mandar faxes y telegramas. Hay teléfonos que operan con tarjetas, y también se puede llamar desde el hotel, aunque los precios subirán. El prefijo de Guatemala es el 502.

Las oficinas de Hondutel, la compañía hondureña de telecomunicaciones, se encuentran situadas en las ciudades más importantes del país, y están abiertas diariamente de 8:00 a 21:00. En estas oficinas también se presta servicio de fax aunque el horario para dicho servicio es de 9:00 a 16:00 de lunes a viernes. Para llamadas internacionales el código de Honduras es el 504.

Electricidad

En México, Guatemala y Honduras los enchufes son de clavija plana y rectangular y la corriente es de 110 voltios. En los hoteles se suelen facilitar adaptadores.

Propinas

Aunque no son obligatorias, es adecuado dejar una propina en los restaurantes de alrededor del 10% de la factura. También se suele dejar a los mozos de los hoteles.

Sanidad

En México existe un gran número de instituciones médicas, tanto privadas como públicas, que atienden a pacientes de urgencia y prestan asistencia sanitaria general. La Cruz Roja mexicana se encarga de los primeros auxilios a accidentados.

Vivir en el Mundo Maya

Tanto en Guatemala como en Honduras se pueden encontrar instalaciones modernas e higiénicas con las condiciones sanitarias necesarias en la mayoría de las zonas del país.

Dónde alojarse

El sistema mexicano de calificación de los hoteles va de una a cinco estrellas y gran turismo. Están implantadas en el país muchas de las grandes cadenas hoteleras europeas. Es tradicional que en el hotel se le solicite al huésped una tarjeta de crédito, aunque se viaje con todo pagado, para cubrir gastos extra, y se firmará un documento en blanco donde se irán anotando los cargos. Esta acción no debe levantar desconfianza, aunque se debe comprobar la cantidad cargada en la tarjeta antes de abandonar el establecimiento.

En Guatemala, por su parte, la oferta es muy variada. En la capital están presentes once de las cadenas internacionales más importantes; en otras partes del país la oferta va desde una mansión colonial o convento, una finca o una casa del XIX, hasta lujosos hoteles de estilo tropical.

En Honduras se puede elegir entre unos 400 hoteles, distribuidos en las ciudades más importantes, como San Pedro Sula, La Ceiba, Tela o Trujillo, situadas en la zona norte, donde se concentra la mayor parte de las cadenas hoteleras.

Alojamientos

México

Cancún

GRAN MELIÁ CANCÚN
Calle 58, 487
Tel.: 923-16-90
Fax: 923-22-56

RADISSON HACIENDA CANCÚN
Ave. Tulum y Claveles
Tel.: 923-16-90
Fax: 923-22-56

Cozumel

HOTEL FLAMINGO
Calle 8
Tel.: 872-12-64

HOTEL EL PIRATA
Av. 5
Tel.: 872-00-51

Mérida

POSADA TOLEDO
Calle 58, 487
Tel.: 923-16-90

Fax: 923-22-56
Antigua mansión aristocrática de 23 habitaciones.

HOTEL COLÓN
Calle 62, 483
Hotel de lujo que data de 1930.

HOTEL CARIBE
Parque Hidalgo, calle 59, 500
Tel.: 924-90-22
Fax: 924-87-33
Mansión colonial con un bonito patio con arcadas.

Uxmal

HOTEL HACIENDA UXMAL
A 300 metros de las ruinas
Tel.: 976-20-12
Fax: 976-20-11

Chichén Itza

VILLAS ARQUEOLÓGIC AS DEL CLUB MED
3 km después de Piste
Tel.: 851-00-80
Fax: 851-10-18

Alojamientos

Playa del Carmen

HOTEL MAYA BRIC
Av. 5
Tel.: 873-00-11
Fax: 873-20-41

HOTEL ALAMBRA
Calle 8
Tel.: 873-07-35
Fax: 873-06-99

Palenque

CHAN-KAH RESORT

VILLAGE
C/ Independencia
Tel.: 345-03-18
Fax: 345-04-89

HOTEL KASHLAN
5 de mayo, 105
Tel.: 345-03-18
Fax: 345-04-89

San Cristóbal de las Casas

HOTEL RINCÓN DEL ARCO
Ejército Nacional, 66
Tel.: 678-13-13

EL PARAÍSO
Av. 5 de febrero, 19
Tel.: 678-00-85
Fax: 678-51-68

Tuxtla Gutierrez

MARÍA EUGENIA
Av. Central Oriente, 507
Tel.: 613-37-67
Fax: 623-28-60

Campeche

HOTEL LÓPEZ
Calle 12, 189

Tel.: 816-33-44
Fax: 816-30-21

HOTEL AMÉRICA
Calle 10, 252
Tel.: 816-45-88

HOTEL DEL MAR
Av. Ruiz Cortines
Tel.: 816-22-33
Fax: 811-16-18

Guatemala

Flores

HOTEL MAYA

INTERNACIONAL
Entrada a Santa Elena
Tel.: 926-20-83
Fax: 926-00-87

LA CASONA DE LA ISLA
C/ 30 de junio
Tel.: 926-05-23
Fax: 926-05-93

Panajachel

POSADA DON RODRIGO
Av. Santander
Tel.: 762-23-26

POSADA DE LOS VOLCANES
Av. Santander, 5-51
Tel.: 762-02-44
Fax: 762-23-67

Santiago Atitlán

POSADA DE SANTIAGO
1,5 km por la carretera de San Pedro
Tel.: 721-71-67
Fax: 721-73-65

San Pedro la Laguna

MANSIÓN DEL LAGO

A 50 m del embarcadero principal
Tel.: 811-81-72

Chichicastenango

HOTEL SANTO TOMÁS
7ª av.,5-32
Tel.: 756-10-61
Fax: 756-13-06

Antigua

CASA SANTO

DOMINGO
3ª Calle Oriente, 28
Tel.: 832-01-40

HOTEL CONVENTO SANTA CATALINA
5ª Avenida Norte, 28
Tel.: 832-38-79
Fax: 832-30-79

Quirugua

HOTEL HERNÁNDEZ
3ª Calle 7-41
Tel.: 942-07-08

Honduras

Copán

HOTEL CAMINO MAYA
Junto al parque Central
Tel.: 651-45-18
Fax: 651-45-17

Restaurantes

México

Cancún

LA PARRILLA
Av. Yaxchilán, 51
Tel.: 887-61-41
Ambiente turístico
y decoración típica.

LA GUAPALUPANA
Av. Bonampak
Tel.: 887-06-60
Ambiente mexica-
no y comida de
calidad.

Playa del Carmen

MEDIA LUNA
Av, 5
Tel.: 873-05-26
Bonito restaurante
lleno de colorido.
Precios altos.

CASA MEDITERRÁNEO
Av. 5
Tel.: 876-39-26
Buen restaurante
italiano situado en
un patio sombreaso.

Cozumel

EL CAPI

NAVEGANTE
Av. 10 Sur
Tel.: 872-17-30
Local decorado
con fotos de
Cozumel de 1920.
Restaurante de
pescado y marisco.

LA CHOZA
Av. 10 Sur
Tel.: 872-09-58
Un local ambien-
tado en una caba-
ña, lleno de colori-
do. Comida autóc-
tona.

Mérida

**LOS
ALMENDROS**
*Plaza de Mejorada,
calle 50*
Tel.: 928-54-59
Especialidades del
Yucatán.

LA CASONA
Calle 60, 434
Tel.: 923-83-48
Música de jazz
ameniza las veladas
de este lujoso
restaurante
especializado
en cocina
internacional.

Restaurantes

PÓRTICO EL PEREGRINO
Calle 57, 501
Tel.: 928-61-63
Restaurante con un patio lleno de plantas muy acogedor.

Uxmal

RESTAURANTE CANA NAH
4 km antes de las ruinas
Buenas especialidades mexicanas.

Palenque

RESTAURANTE MAYA
Av. Hidalgo
Tel.: 345-00-42
Un clásico en la ciudad.
Especialidades de carne y pescado.

LOS ALUXES
Av. Juárez 150
Excelente comida típica y a muy buen precio.

San Cristóbal de las Casas

RESTAURANTE PIERRE
Real de Guadalupe, 73
Tel.: 678-72-11
Cocina francesa.

LA CASA DEL PAN
Dr. Navarro 10
Tel.: 678-58-95
Local con encanto en el que una cocinera prepara

las tortillas a la vista de los comensales.

Tuxtla Gutierrez

LA PARRILLA NORTEÑA
Av. Central Oriente 1, 169
Tel.: 612-38-82
Especialidades de carne a la parrilla.

Campeche

MARGANZO
Calle 8, 262

Tel.: 811-38-98
Uno de los restaurantes más selectos de la ciudad. Los camareros van vestidos con trajes típicos. Buena cocina y servicio excelente.

**RESTAURANTE
LA PIGUA**
*Malecón miguel
Alemán 197 A*
Especialidad marisco y pescado. Comedor de estilo rústico.

Guatemala

Flores

EL GRAN JACAL
C/ Centroamérica
Tel.: 926-35-78
Excelente comida, aunque cara.

EL RODEO
*5ª Avenida, cerca del
parque Central*
Tel.: 926-00-91
Excelentes carnes y pescados

Panajachel

LAS CHINITAS
Av Santander
Tel.: 762-26-12

Buena cocina con reminiscencias asiáticas.

EL CHISME
Calle de los Círculos
Tel.: 762-20-63
Sabrosa cocina italiana.

Santiago Atitlán

**HOTEL Y
RESTAURANTE
BAMBÚ**
*5 minutos a pie del
embarcadero público.*
Tel.: 721-73-32
Restaurante a orillas del lago. Deliciosas brochetas de carne.

Chichicastenango

**RESTAURANTE
LAS BRASAS**
6ª Calle
Tel.: 756-10-06
Especialidad en carnes a la parilla.

Antigua

PANZA VERDE
5ª av. Sur, 19
Tel.: 832-29-25
Selecto, dirigido por un chef suizo.

**LA CUEVITA DE
LOS URQUIZÚ**
*2º Calle Oriente,
9D*
Tel.: 832-24-93
Auténtica cocina tradicional guatemalteca en el interior de una cueva.

Quirugua

**RESTAURANTE
EL LUGAR DE
PASO**

*Cerca del Parque
Central*
Buenas especialidades de carne asada.

Honduras

Copán

**RESTAURANTE
NÍA LOLA**
Tel.: 651-41-96
Especialidad en carne asada.

Índice alfabético

Índice alfabético

Índice alfabético